Slowenien
mit dem Wohnmobil

Slowenien erwartet Sie mit beeindruckenden Panoramen.

Michael Moll

SLOWENIEN
MIT DEM WOHNMOBIL

Die schönsten Routen zwischen dem
Triglav-Nationalpark und der slowenischen Riviera

BRUCKMANN

Das Kamniška-Bistrica-Tal

INHALT

SLOWENIEN UND SEINE REGIONEN 6

DIE ROUTEN 16

1 FANTASTISCHE REISE DURCH DIE BERGWELT SLOWENIENS 18
Von Rateče bis Mojstrana

2 ENTLANG DER STEINER ALPEN ZUM DRAU-TAL 42
Von Bled in die Region Koroška

3 MARBURG ZWISCHEN DRAU UND MUR 64
Von Dravograd über Maribor nach Murska Sobota

4 IN DEN WEINBAUGEBIETEN VON SLOWENIENS OSTEN 86
Von Murska Sobota nach Celje

5 TRAUMHAFTE FLUSSLANDSCHAFTEN UND VIEL KULTUR 110
Von Celje in die slowenische Hauptstadt

6 KARSTLANDSCHAFTEN, LIPIZZANER UND KÜSTE 136
Von Ljubljana ans Meer

REISEINFORMATIONEN VON A BIS Z 154

REGISTER 162

PS: DA FÄLLT MIR NOCH WAS EIN! 164

STRASSENATLAS 166

IMPRESSUM 192

» SLOWENIEN UND SEINE REGIONEN

Das Dorf Šmartno wurde zum Kulturdenkmal ernannt.

Toller Ausblick auf die Julischen Alpen

Slowenien ist in zweierlei Hinsicht mit dem deutschen Bundesland Sachsen-Anhalt vergleichbar: Sowohl in der Größe als auch in der Einwohnerzahl kommen sich diese beiden Regionen recht nah. Slowenien zählt etwas mehr als zwei Millionen Einwohner (Sachsen-Anhalt hat sogar 2,2 Mio.), die sich über eine Fläche von ca. 20 200 Quadratkilometern verteilen (Sachsen-Anhalt ist minimal größer und kommt auf 20 400 Quadratkilometer). Insgesamt ergibt das eine Bevölkerungsdichte von rund 102 Einwohnern pro Quadratkilometer (Sachsen-Anhalt: 109). Selbst die Einwohnerzahlen der beiden Hauptstädte Ljubljana und Magdeburg liegen nicht ganz so weit auseinander.

BERGE UND MEER

Das war es dann aber auch schon mit den Vergleichen. Sachsen-Anhalt punktet weder mit einem Hochgebirge noch einem Anschluss an das Meer. Und damit kommt Sloweniens Vielfalt ins Spiel. Das Land grenzt im Norden an Österreich, im Westen an Italien und in diesen beiden Fällen hat es direkten Anteil an den Alpen. Bis zu 2864 Meter ragt der Triglav im Nordwesten in die Höhe. Er ist der höchste Berg des Landes und befindet sich im gleichnamigen Triglav-Gebirge, einem Teil der Julischen Alpen. Nördlich davon breiten sich, nur durch das Save-Tal getrennt, die Karawanken als Grenzgebirge zu Österreich aus.

Nach Osten hin wird das Land zunehmend flacher und bildet den Übergang zur Pannonischen Tiefebene, die sich überwiegend im benachbarten Ungarn ausbreitet. Eine weitere Grenze besteht im Süden zu Kroatien. Diese existiert in ihrer heutigen Form zwar erst seit 1991, als sich Slowenien am 25. Juni des Jahres aus dem Staatenbund Jugoslawien herauslöste und seine Unabhängigkeit erklärte; doch auch innerhalb Jugoslawiens gab es an dieser Stelle eine Trennlinie zwischen den Teilrepubliken Slowenien und Kroatien. Zum damaligen Zeitpunkt hatte sie aber keine größere Bedeutung. Der exakte Verlauf der Grenze ist in Teilen bis in die Gegenwart umstritten. Dies betrifft insbesondere die Grenzstreitigkeiten im Bereich der Mittelmeerküste.

Rechte Seite: Die Gebirgslandschaft ist auch von viel Wasser geprägt.

Beliebt ist auch die kurze Adria-Küste.

Zwei Buchten nördlich und südlich der Küstenstadt Piran gehören ebenso zu Slowenien. Das ergibt einen Küstenabschnitt von etwas mehr als 45 Kilometern, doch legt man die Luftlinie zugrunde, liegen die beiden Staatsgrenzen gerade einmal 17 Kilometer auseinander.

Eine tolle Einkehrmöglichkeit sind die Berghütten.

Grundsätzlich sind die Entfernungen in Slowenien sowieso alle etwas kürzer und man kann schnell in alle Teile des Landes gelangen, egal, wo man sich gerade in Slowenien befindet. Die längste Ausdehnung beträgt von der Mittelmeerküste bis zur nordöstlichen Grenze zu Ungarn gerade einmal 260 Kilometer. Weil sich die Hauptstadt Ljubljana fast exakt in der Mitte des Landes befindet, ist sie selbst von den entferntesten Landesteilen aus in gut zwei Stunden erreichbar.

DIE STÄDTE SLOWENIENS

So übersichtlich, wie das Land ist, so sind es auch die Städte und Gemeinden. Die größte Stadt ist zugleich Hauptstadt und befindet sich im Kern des Landes. Dabei zählt Ljubljana weniger als 300 000 Einwohner. Zum Vergleich: In Deutschland würde sie damit zwischen Augsburg und Wiesbaden auf Platz 24 landen. Im Nordosten befindet sich Maribor mit etwas mehr als 100 000 Einwohnern. Alle anderen nachfolgenden Städte (Kranj, Koper, Celje, Novo mesto, Domžale) haben nicht nur weniger als 100 000 Einwohner, sondern sind sogar von einer sechsstelligen Bevölkerungszahl deutlich entfernt. So hat zum Beispiel die zehntgrößte Stadt Sloweniens, Kamnik, weniger als 30 000 Bewohner.

Das kulturelle Leben spielt sich daher in den beiden größten Städten ab, die sich entsprechend mit großen Altstädten und zahlreichen historischen Bauten präsentieren. In den kleineren Ortschaften verläuft das Leben – und der Aufenthalt – meist deutlich ruhiger. Ausnahmen sind hierbei die Gemeinden, die touristisch von Interesse sind. Dazu zählen zum Beispiel Bled am Triglav-Gebirge und natürlich die Orte wie Piran und Koper, die direkt an der Adriaküste liegen.

NATIONALPARK TRIGLAV

Slowenien besitzt zwar nur einen Nationalpark, aber angesichts der Größe des Landes und des Nationalparks (ca. 840 Quadratkilometer) stehen damit über vier Prozent des Landes unter Schutz. In Deutschland sind, ohne die marinen Gebiete, gerade einmal 0,6 Prozent des Landes als Nationalpark ausgewiesen. Schon im frühen 20. Jahrhundert gab es erste konkrete Vorschläge, die Region rund um den Triglav zu schützen. Wenige Jahre später setzte man das im Rahmen eines »alpinen Schutzparks« um. Letztendlich wurde er 1961 als Nationalpark gegründet.

Seinen Namen hat er vom zentral gelegenen Berg. Der Triglav ist mit 2864 Metern der höchste Punkt des Landes und hat für die slowenische Bevölkerung eine hohe Bedeutung. Nicht umsonst ist er im Staatswappen Sloweniens zu erkennen. Neben den klassischen Tieren, die man in einer Bergwelt wie dieser vermuten würde, zum Beispiel Gämsen, Hirsche, Steinböcke und Luchse, streifen

Zum Verweilen lädt die Altstadt von Ljubljana ein.

Vielfältige Flora im ganzen Land

Entspannung gibt es auch in der Hauptstadt.

gelegentlich auch Braunbären durch den Nationalpark.

Auch im Bereich der Flora kann man auf Pflanzen stoßen, die nur hier und in den benachbarten Gebirgen wie den Karawanken gedeihen. Dazu zählen zum Beispiel die nach ihrer Form benannten Zois-Glockenblume oder die Triglav-Rose, die auch als Dolomiten-Fingerkraut bezeichnet wird.

Ein Taubenschwänzchen bei der Nahrungsaufnahme

SEHENSWÜRDIGKEITEN

Slowenien bietet jede Menge Sehenswürdigkeiten. Die Bandbreite reicht von der Küste bis ins Hochgebirge, und das auf relativ engem Raum. Doch es geht nicht nur in die Höhe und an das Wasser, sondern auch unterirdisch zu. Slowenien ist berühmt für die Karstlandschaft, die sich vor allen Dingen im Südwesten des Landes befindet. Die Höhlen von Škocjan sind Weltnaturerbe der UNESCO und die nahen Höhlen von Postojna zählen zu dem größten Höhlensystem der Welt.

Gleich nebenan präsentiert sich die Höhlenburg Predjama auf eine ganz besondere Weise. Sie ist zwar in ihrer Art einmalig, aber bei Weitem nicht die einzige Burg in Slowenien. Beinahe jede Ortschaft kann ein Schloss oder eine Burg (Grad) ihr Eigen nennen. Viele von ihnen beherbergen ein Museum und nicht wenige bieten außerdem eine tolle Aussicht, wie zum Beispiel die Burgen in Celje, Bled oder Ptuj.

Aussichten gibt es auch von den vielen Bergen, Gipfeln und Weinbergen im ganzen Land. Und wenn das nicht reicht, dann stehen mancherorts Aussichtstürme bereit. Der

Kleine Altstadt von Radovljica

modernste, mit Fahrstuhl und Imbiss, befindet sich ganz im Osten, in Lendava. Ihm ist deutlich anzusehen, dass er erst in den letzten Jahren errichtet wurde.

Das gilt auch für einige andere Sehenswürdigkeiten. Slowenien ist ein modernes, aufstrebendes Land und so zeigen sich manche Museen nicht nur futuristisch, sondern sie sind auch in der virtuellen Realität angekommen. Besuche mit VR-Brille gehören hier zum Standard. Als Beispiele wären das Expano in Murska Sobota oder das Noordung-Center in Vitanje zu nennen.

Zu guter Letzt bleiben natürlich noch die vielen Altstädte, allen voran die Zentren in Ljubljana und Maribor. In kleineren Ortschaften ist zwar meist weniger los, doch ein Rundgang trotzdem immer wieder lohnenswert. Und auch hier gilt, dass vieles oft neu gebaut oder modernisiert wurde, wie beispielsweise die kleine gemütliche Altstadt von Novo mesto.

DIE SLOWENISCHE KÜCHE

Befasst man sich mit der slowenischen Küche, so wird man immer wieder über die Krainer Wurst stolpern, die Ende des 19. Jahrhunderts zum ersten Mal erwähnt wurde und als Klassiker bezeichnet werden kann. Außerdem möchte man beinahe glauben, dass die Slowenen Freunde der Süßspeisen sind. Ob mit Mohn, Quark, Apfelstücken oder Walnüssen gefüllt – fortlaufend begegnet man kleinen Törtchen und Küchlein in verschiedensten Formen, Farben und

Einkehrmöglichkeiten gibt es in jeder Stadt.

Mit dem Wohnmobil bis zu den Skischanzen

Oft kann man sich Räder leihen.

Variationen. Besonders praktisch ist dies für den Frühstücksteller im Wohnmobil, sofern man Süßes am Morgen mag. Die Bäckereien des Landes (Pekarna) bieten nicht nur eine Vielzahl an Backwaren an, sondern diese auch noch in Größen, hinter denen sich ganze Bäckereien aus Deutschland verstecken können – um das mal ein wenig überspitzt auszudrücken. Die Teilchen, Brötchen und Brote sind deutlich umfangreicher als die, die wir hierzulande gewohnt sind, und kosten außerdem deutlich weniger.

Für die Abendstunden empfiehlt sich natürlich ein Glas Wein. Slowenien besitzt zahlreiche Weinberge und Winzer. Letztere laden gerne zu einer Weinverkostung ein und so mancher von ihnen stellt sogar noch einen Wohnmobilstellplatz direkt neben den Weinreben parat.

CAMPING- UND STELLPLÄTZE

Die Campingsituation in Slowenien stellt sich ganz unterschiedlich dar, was eine große Bandbreite zwischen einfachem Übernachtungsplatz und gut ausgestattetem Campingplatz verspricht. Grundsätzlich gilt: Je größer ein Campingplatz, umso moderner ist er ausgestattet. Eine Grundversorgung mit Strom, Frischwasser, Entsorgungsmöglichkeiten hat man ohnehin auf jedem Campingplatz. Modernere bieten auch Chipkarten, WLAN und Kinderspielplätze an. Auf Animation und Club-Urlaub muss (darf) aber weitgehend verzichtet werden.

Wie in jedem anderen Land sind die Campingplätze an der Küste natürlich die beliebtesten und daher in der Hochsaison auch gut belegt. Eine Reservierung ist dann

Die Schlossparks sind schmuckvoll ausgestattet.

sinnvoll. Sind die Campingplätze kleiner und auch abgelegener, so bieten sie zwar in der Regel deutlich mehr Ruhe und Natururlaub, aber die Ausstattung kann durchaus schon mal aus der Zeit gefallen sein.

Bei den Wohnmobilstellplätzen hat sich in den letzten Jahren sehr viel getan. Zahlreiche Stellplätze sind durch die Initiative der Gemeinden entstanden und auch hier reicht die Bandbreite von moderner Anlage mit Sanitär und kartengesteuertem Schrankensystem bis hin zu einfachen Übernachtungsplätzen. Dennoch sind letztere häufig mindestens mit Strom und einer Ver- und Entsorgungsstation ausgestattet. In Slowenien sieht man hierbei häufig gelb-grüne Kästen, in denen dann sämtliche Technik vereint ist. Hier im Buch werden sie gelegentlich als gelb-grüne Tonnen bezeichnet, weil sie wie eine wirken. Auch bei der Preisgestaltung findet man deutliche Unterschiede. Die Aufwendungen reichen von kostenlos (Stellplatz am Hostel in Slovenj Gradec) bis zu sehr teuer (bis zu 50 Euro pro Nacht auf dem Camperport Portorož).

Eine schöne Alternative zu klassischen Wohnmobilstellplätzen und Campingplätzen sind die Plätze, die von Privatpersonen bzw. Winzern angeboten werden. Hier wundert man sich gelegentlich über die gute Infrastruktur, weil mit Stromanschlüssen, Ver- und Entsorgungsstation und eventuell sogar einem Sanitärraum alles vorhanden ist und man so gar nicht weiß, ob das nun noch ein Stellplatz oder schon ein Campingplatz ist. Empfangen wird man auf solchen Plätzen in der Regel immer herzlich und so mancher Winzer bietet nicht nur eine Weinverkostung an, sondern hat auch den einen oder anderen Geheimtipp für seine Region parat.

Slowenien ist auch für Störche ein Ziel.

Der Fluss Kamniška Bistrica bahnt sich seinen Weg durch die malerische Schlucht.

» DIE ROUTEN

1 FANTASTISCHE REISE DURCH DIE BERGWELT SLOWENIENS

Von Rateče bis Mojstrana

Gleich zu Beginn der Reise durch Slowenien präsentiert sich das kleine Land von einer seiner Schokoladenseiten. Die hohen Gipfel der Karawanken auf der einen und die Berge des Triglav-Gebirges auf der anderen Seite des Save-Tals laden zu herrlichen Wanderungen ein, die mit tollen Ausblicken belohnen. Nach der Überquerung der höchsten Passstraße Sloweniens verläuft die Reise im und am Triglav-Nationalpark und durch das Tal des Flusses Soča. Mehrere Wasserfälle und Schluchten später gelangen wir nach Bled und genießen dort eine Fahrt in einem der Pletna-Boote unterhalb der markanten Bleder Burg. In Mojstrana fahren wir in ein enges Tal und wandern die restlichen zwei Kilometer bis zum Fuß des Tri-glavs, dem höchsten Berg Sloweniens.

Das Triglav-Gebirge von Norden aus betrachtet

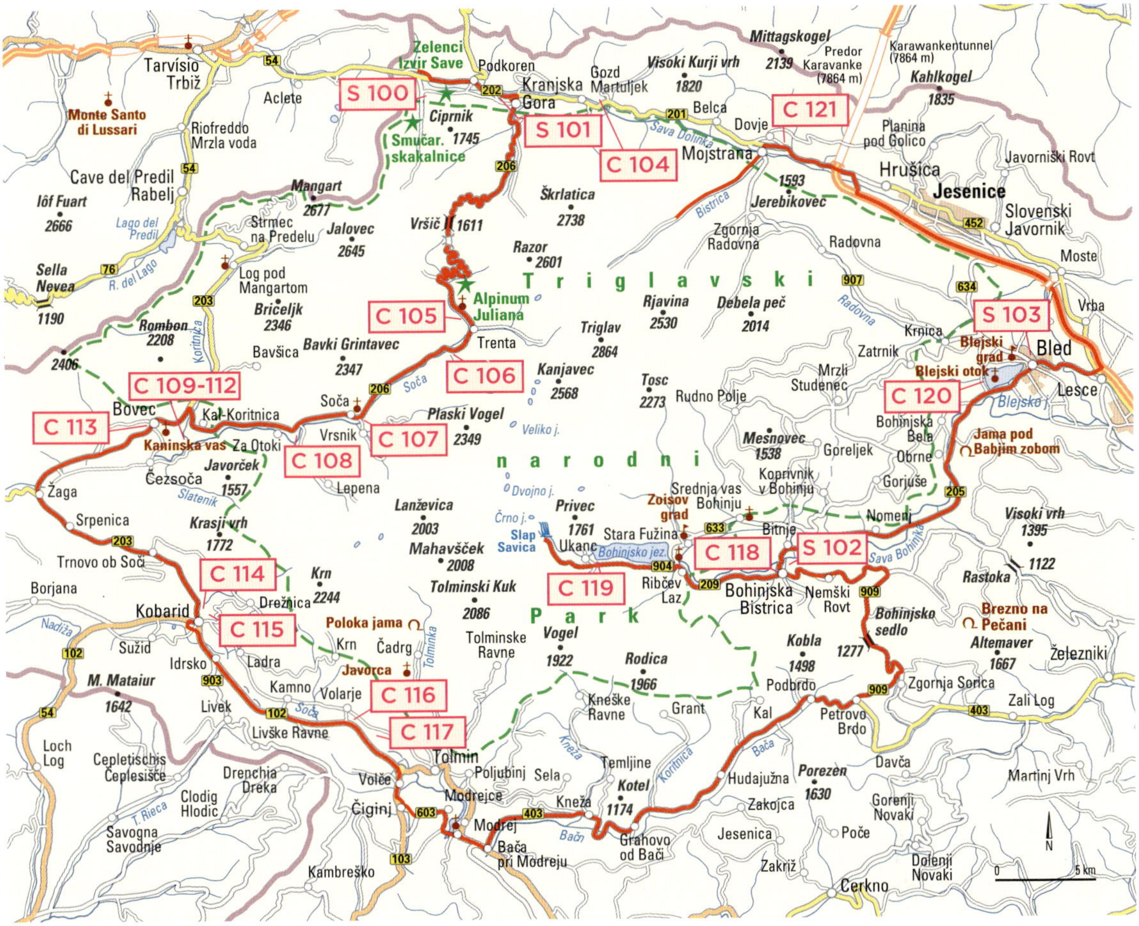

Die erste Tour durch Slowenien führt uns gleich mal hoch hinauf. Doch bei der Anreise durch Italien oder Österreich sind wir den Anblick von Berggipfeln bereits gewohnt. Die Frage ist lediglich, welchen der drei möglichen Grenzübergänge wir am besten nutzen, um Slowenien in seiner nordwestlichsten Ecke zu erreichen? Die einfachste Anfahrt erfolgt über die österreichische Autobahn 11, auch als Karawanken-Autobahn bezeichnet. Sie mündet südlich vom Wörther See in den Karawankentunnel und trägt ab der slowenischen Grenze die Bezeichnung A 2. Die Grenze zwischen Österreich und Slowenien wird an dieser Stelle folglich unterirdisch überquert. Der fast acht Kilometer lange und mautpflichtige Karawankentunnel wurde zu Beginn der 1990er-Jahre nach fünfjähriger Bauzeit fertiggestellt und besteht derzeit noch aus nur einer Tunnelröhre. Eine zweite Tunnelröhre ist momentan in Bau und soll frühestens 2025 fertiggestellt sein. Danach wird die bereits bestehende Röhre saniert.

ANKUNFT IN SLOWENIEN

Nach dem Verlassen des Tunnels befinden wir uns im Tal der Save und sollten sogleich die erste Ausfahrt nehmen, um auf der Landstraße 201 in Richtung Kranjska Gora zu fahren. Wer sich die Tunnelfahrt und damit auch die Maut sparen möchte, kann die Karawanken weiter westlich auch mit dem Wurzenpass hinter sich lassen. Bis zur Fertigstellung des Tunnels war der Wurzenpass einer der wichtigsten Grenzübergänge zwischen Österreich und dem damaligen Jugoslawien.

ROUTE 1

START- UND ENDPUNKT
Rateče und Mojstrana

STRECKEN
überwiegend Landstraßen und Gebirgsstraßen

STRECKENLÄNGE
ca. 230 Kilometer

FAHRZEIT
2 bis 3 Tage

BESTE JAHRESZEIT
Juni bis September

Beeindruckende Farben im Naturreservat Zelenci

Heute hat die Straße eher eine touristische Bedeutung und sollte mit einer Steigung von 18 Prozent nicht unterschätzt werden.

Die **Wurzenpassstraße** beginnt südlich von Villach als Abzweig von der Straße 83. Als Landstraße 109 führt sie hinauf auf eine Höhe von 1079 Metern. Mit mehreren scharfen Serpentinen, die durch den Wald verlaufen, passieren wir unterwegs noch auf österreichischer Seite das Bunkermuseum. Während der Zeit des Kalten Kriegs verliefen hier im Grenzgebiet damals weitgehend unbekannte Bunkeranlagen, die zu Beginn des neuen Jahrtausends außer Betrieb genommen wurden. Wenige Jahre später hat der letzte Miliz-Kompaniekommandant »seine« Verteidigungsanlage übernommen und sie nach umfangreichen Umbaumaßnahmen als Museum der Öffentlichkeit zugänglich gemacht. Zu sehen sind unter anderem Panzersperren, ein originales Stellungssystem und verschiedene verbunkerte Panzertürme. An bestimmten Tagen besteht sogar die Möglichkeit, in einem Schützenpanzer mitzufahren und Gulasch aus der Feldküche zu probieren.

Glücklicherweise haben sich die Zeiten geändert und wir können heute mit dem Wohnmobil die Region kennenlernen. Nach Überquerung des Wurzenpasses und der darauffolgenden Abfahrt erreichen wir die slowenische Ortschaft **Podkoren**, ebenfalls im

SPECIAL

JULISCHE ALPEN

Der Name der italienischen Region Friaul-Julisch Venetien gibt bereits Aufschluss darüber, in welchem Teil der Alpen wir uns hier befinden. Denn das Triglav-Gebirge auf slowenischer Seite inklusive seinem gleichnamigen höchsten Berg (Triglav mit 2.864 Metern) und dem Nationalpark ist Teil der Julischen Alpen. Als Gebirgsstock gehört er zu den Südlichen Kalkalpen, die sich über beide Staaten erstrecken. Doch auch die nördlich des Save-Tals gelegenen Karawanken zählen zu den Südlichen Kalkalpen. Sie sind es, denen wir uns nach der Ankunft in Slowenien als Erstes widmen sollten, noch vor dem deutlich höheren Triglav-Gebirge.

Save-Tal und wenige Kilometer westlich von Kranjska Gora gelegen.

Wer von italienischer Seite aus anreist, zum Beispiel von Südtirol oder von Venedig aus kommend, durchquert die italienische Region Friaul-Julisch Venetien und erreicht auf der SS 54 den Grenzübergang vor dem kleinen Dorf Rateče.

BERGTOUR ZUM DREILÄNDERECK

Die Bergwelt rund um Rateče verlockt zu einer ersten schönen Wanderung. Dafür sollten wir unser Wohnmobil auf dem kleinen Parkplatz am Busbahnhof von **Rateče** (46.496167, 13.719333) abstellen und in unsere Wanderschuhe schlüpfen. Gleich darauf durchqueren wir das kleine Dorf, in dem die zahlreichen freilaufenden Katzen auffallen. Mehr als ein Dutzend wird man sicherlich zählen, während man der Beschilderung nach Tromeja folgt. Auf dem Wanderweg verlassen wir den kleinen Ort nach Norden und wandern stets bergauf durch den Wald. Auf dem verhältnismäßig breiten Waldweg geht es nur wenige Meter neben der Staatsgrenze zu Italien entlang, bis wir ihn in einer scharfen Rechtskurve verlassen. Fortan wandern wir auf einem schmalen Pfad in zahlreichen Serpentinen durch den Wald bergauf. Man kann es positiv sehen, dass die einzelnen Spitzkehren durchnummeriert sind. So weiß man, wie viele Kurven einen noch erwarten.

Doch die Mühe des Aufstiegs lohnt sich. Nach knapp 600 Höhenmetern ab dem Parkplatz haben wir auf dem rund vier Kilometer langen Wanderweg den höchsten Punkt und das eigentliche Ziel der Tour erreicht – das Dreiländereck zwischen Slowenien, Italien und Österreich. Im Slowenischen wird es als **Tromeja** bezeichnet. Gleichzeitig ist es nicht nur eine geopolitische Begegnung dreier Staaten, sondern auch ein Berggipfel. Dieser heißt ganz schlicht Dreiländereck, wird aber auch als »Ofen« bezeichnet. Die Italiener nennen diesen Berg Monte Forno, während man in Slowenien **Peč** zu ihm sagt. Markiert ist das Dreiländereck mit einer dreieckigen Metallskulptur und den Flaggen der drei Staaten. Auf italienischer Seite ist das Dreiländereck eher unspektakulär und bietet aufgrund des dichten Waldes keine Aussichten. Auch auf slowenischer Seite be-

Wanderung zum Dreiländereck

Die Markierung von drei Ländern gleichzeitig

findet sich viel Wald, dennoch kann man hier durch eine Schneise hindurch einen ersten wunderbaren Ausblick auf den südlich gelegenen Gebirgsstock des Triglav-Gebirges genießen.

Die beste Aussicht hat man gen Norden nach Österreich, wo sich weiter unten die Gail ihren Weg durch das breite Tal nach Villach bahnt und später in die Drau mündet. Bei guter Sicht erblickt man in Richtung Nordosten den Faaker See und sogar den dahinterliegenden, 27 Kilometer entfernten Wörthersee. Mit einem Fernglas oder einem Teleobjektiv lässt sich der dortige sehr markante Aussichtsturm namens Pyramidenkogel erkennen.

Parkmöglichkeit bei Planica

Auf dem Grat zwischen Österreich und Slowenien können wir noch ein Stück ostwärts wandern, um nach wenigen Gehminuten zur **Dreiländereck-Hütte** bzw. zum folgenden Bergrestaurant zu gelangen. Übrigens: Der Berg Dreiländereck ist 1508 Meter hoch und damit rund 700 Meter niedriger als der Hochstuhl bzw. Veliki Stol. Bei diesem handelt es sich mit 2238 Metern um den höchsten Gipfel der Karawanken. Er erhebt sich rund 35 Kilometer entfernt und damit auf der östlichen Seite des Karawankentunnels. Bis dorthin würde man auf dem Karawankenmassiv noch viele weitere Berggipfel überqueren, während sich rechter Hand Slowenien befindet und auf der linken und damit nördlichen Seite Österreich ausbreitet.

Ein Grenzgebirge waren die Karawanken schon immer. Vor 2000 Jahren trennten sie Italien vom keltischen Königreich Noricum.

Im Winter ist in Planica jede Menge los.

Und schon der griechische Gelehrte Ptolemäus kannte das Gebirge unter dem Namen Karwankas.

Nach dem Abstieg zum Parkplatz sind es nur wenige Fahrminuten in den Ortsteil **Planica**. Er befindet sich im gleichnamigen Seitental des Save-Tals und ist bekannt für das dortige Wintersportzentrum. Zahlreiche unterschiedlich lange und hohe Skischanzen prägen die Sportanlage. Die erste entstand im Jahr 1930. Ihr folgten im Laufe der Zeit viele weitere Skischanzen, so unter anderem die sogenannte **Letalnica**. Sie gilt als zweitgrößte Skiflugschanze der Welt und es gibt Platz für 50 000 Zuschauer, die hier Flugweiten von weit über 200 Metern bestaunen können. Auch Weiten von über 250 Metern wurden bereits absolviert. Nachdem sich Planica bereits drei Mal erfolglos für die Austragung der Nordischen Skiweltmeisterschaften beworben hatte, erhielt die Stadt den Zuschlag für ihre Austragung im Jahr 2023.

Planica bietet zugleich den ersten Wohnmobilstellplatz (46.477806, 13.725056) auf unserer Fahrt durch Slowenien, ein idealer Ausgangspunkt für eine weitere schöne Wanderung zur Berghütte Tamar.

EINE DER QUELLEN DER SAVE

Um Rateče zu verlassen, nutzen wir die Straße 202. Doch weit kommen wir nicht, ohne

AUSFLUG

GEMÜTLICH ZUR TAMAR-HÜTTE

Dort, wo an den Skischanzen die Straße endet, und man sein Wohnmobil auf dem Stellplatz abstellt, kann man zu Fuß weiter in das immer enger werdende Tal hineinwandern. In etwas weniger als einer Stunde geht es vom Wohnmobilstellplatz bis zur Berghütte Tamar. Gerade einmal rund 200 Höhenmeter sind dabei zu überwinden. Von der Hütte bietet sich ein schöner Blick auf den markanten Jalovec. Er ist 2645 Meter hoch und markiert das Ende des Planica-Tals. Der Bergsteiger Julius Kugy war der Erste, der den Berg im Jahr 1884 erklimmen konnte. Auch heute ist der Gipfel des Jalovecs nur mit entsprechender Kletterausrüstung erreichbar.

Viele Kapellen sieht man im Land.

gleich wieder anzuhalten. Noch vor dem Nachbarort Podkoren befindet sich rechter Hand ein kleiner Wanderparkplatz mit einem Imbiss (46.494528, 13.733667). Nach nur wenigen Schritten durch einen kleinen Wald erhebt sich am Ende eines kurzen Holzbohlenwegs ein hölzerner Aussichtsturm und gibt den Blick frei auf einen kleinen See namens **Zelenci**. Der Begriff Teich trifft es wohl besser angesichts der geringen Größe des Gewässers. Gerade einmal 60 Meter misst er in der Breite. Doch das kristallklare Wasser ist die Quelle des Flusses Sava Dolinka, einem der Quellflüsse der Save. Zugegeben, die eigentliche Quelle entspringt bei der Berghütte Tamar im Planica-Tal. Doch das Wasser dort versickert schnell wieder und taucht erst hier erneut auf. Das Wasser dieses Flusses trennt auf unserer weiteren Reise nun das südlich gelegene Triglav-Gebirge von den Karawanken auf der Nordseite des Save-Tals.

Zugang zum Nationalpark

Auf der Weiterfahrt passieren wir Podkoren, das wir als Ankunftsort kennen, wenn wir Slowenien über den Wurzenpass erreichen. Nur wenig später folgt die erste größere Stadt Sloweniens – **Kranjska Gora**. Mit Sehenswürdigkeiten geizt die Stadt ein wenig. Vielmehr dient sie als Ausgangspunkt für eine Fahrt durch das Triglav-Gebirge bzw. in den Nationalpark hinein.

Auf der Straße 206 verlassen wir das Save-Tal und fahren in das Pišnica-Tal. Schon nach kurzer Zeit zwingt uns die Schönheit der Natur abermals zu einem Stopp. Der Zusammenfluss der beiden Bäche Velika Pišnica und Mala Pišnica bildet den **Jasna-See** (46.475306, 13.782278) mit seinem grünlich schimmernden Wasser, das an heißen Tagen

zum Baden einlädt. Umgeben ist der See von hohen, bewaldeten Berghängen, die bei der weiteren Fahrt in das enger werdende Tal immer majestätischer wirken.

Nach einer kurzen Genusspause am Ufer des kleinen Sees fahren wir gleich dahinter in den **Nationalpark Triglav** hinein. Er ist der einzige Nationalpark des Landes und besteht in seiner heutigen Form seit 1981. Doch schon viel früher, nämlich im Jahr 1908, kam es zu ersten Bestrebungen, die Natur rund um das Gebirge zu schützen und zu erhalten. Die ersten entsprechenden Maßnahmen erfolgten im Jahre 1924 mit einem sogenannten Alpinen Schutzpark. Der Park umfasst beinahe das gesamte Gebirgsmassiv und reicht im Westen bis an die italienische Grenze heran. Dabei dehnt es sich bis zu 39 Kilometer aus. In Nord-Süd-Ausrichtung ist das Schutzgebiet etwas kleiner und reicht mit seinen maximal 32 Kilometern vom Save-Tal im Norden bis zum Tal des Soča im Süden.

PASSÜBERQUERUNG IM NATIONALPARK TRIGLAV

Auf der Straße 206 geht es nicht nur weit in den Nationalpark hinein, sondern auch deutlich bergauf. Vor uns liegt der **Vršičpass**, der auf 1611 Meter hinaufführt und der höchste

Auch Zlatorog ist allgegenwärtig.

SPECIAL

DIE LEGENDE VON ZLATOROG

Ein Markenzeichen des Nationalparks haben wir bereits gesehen, am Ufer des Jasna-Sees: die Skulptur eines Gamsbocks mit goldenen Hörnern. Er heißt Zlatorog, zu deutsch Goldhorn, und ist eine Sagengestalt des Nationalparks. Er soll am Triglav einen geheimen Schatz gehütet haben. Als ein Schatzjäger ihn tötete, wuchs aus dem Blut des Bocks eine Blume, die dem Tier zur Wiederauferstehung verhalf. Blind vor Zorn tötete Zlatorog den Jäger und verschwand auf Nimmerwiedersehen – so die Legende. Heute findet man Zlatorog in beinahe jeder slowenischen Einkehrmöglichkeit, denn der Kopf des Bocks ziert das Emblem der slowenischen Brauerei Laško. Und auch eines der Biere ist nach dem sagenhaften Gamsbock benannt.

Kranjska Gora Estate
Russische Kapelle, Vršičpass, Ajdovska deklica („heidnisches Mädchen"), Soča-Quelle
206
42 km
Bovec

Auf dem Weg zum Pass sollte man an der Russischen Kapelle Station machen.

Gebirgspass in Slowenien ist. 24 Haarnadelkurven muss man mit dem Wohnmobil durchqueren, bis man den höchsten Punkt erreicht. Weitere 25 Kurven fährt man auf der Südseite schließlich wieder hinab, um in das Soča-Tal bei Trenta zu kommen.

Schon in der ersten Kurve auf 911 Meter Höhe fällt auf, dass der Straßenbelag in den nördlichen Spitzkehren aus Kopfsteinpflaster besteht. Nur die geraden Straßenstücke zwischen den Kurven sind asphaltiert. Die maximale Steigung der Passstraße beträgt 14 Prozent und es herrscht eine Wintersperre in den Monaten Oktober bis Anfang Mai. Eine offizielle Beschränkung für größere Fahrzeuge existiert nicht, dennoch sollte man sein Wohnmobil beherrschen und besonders in den Rechtskurven seine Begleitung bitten, einen Blick nach hinten zu werfen, da die Strecke auch von Linienbussen befahren wird.

Ein erster nennenswerter, dennoch kleiner Parkplatz (46.442861, 13.769000) befindet sich hinter der achten Spitzkehre auf 1129 Metern Höhe. Diesen sollte man nutzen, denn sonst verpasst man ein kleines, sehenswertes Gebäude auf der linken Straßenseite: Eine hölzerne Kapelle, die als **Russische Ka-**

KULTUR

RUSSISCHE KAPELLE

Die Entstehungsgeschichte der Russischen Kapelle ist tragisch. Im Jahr 1915, also während des Ersten Weltkriegs, wurde die heutige Passstraße in der Rekordzeit von rund einem halben Jahr von russischen Kriegsgefangenen gebaut. Manche Quellen berichten, dass es dabei bis zu 7000 Todesopfer gegeben haben soll. Viele Hundert Kriegsgefangene starben außerdem kurz nach Fertigstellung der Straße bei einem verheerenden Lawinenabgang im März 1916. Überlebende russische Gefangene errichteten später zur Erinnerung an die Opfer die Kapelle. Heute findet an jedem letzten Julisonntag eine Gedenkfeier statt, bei der oft auch hochrangige Politiker Russlands vertreten sind. Dmitri Medwedew war im Jahr 2015 anwesend und im Jahr darauf besuchte Wladimir Putin die Kapelle.

Traumhaft schöne Gebirgswelt Sloweniens

pelle (Ruska kapelica na Vršiču) bezeichnet wird, besticht mit ihren Zwiebeltürmchen und ihrer malerischen Lage mitten im Wald.

Wenig später folgt mit einer schmalen Brücke eine deutliche Engstelle der Straße, hinter der sich gleich im Anschluss ein weiterer Parkplatz mit einer Einkehrmöglichkeit verbirgt. Von hier hat man einen wunderbaren Ausblick auf das Massiv rund um den 2547 Meter hohen Berg Prisojnik. Danach folgt ein deutlicher Anstieg der Straße und es heißt vorsichtig fahren. Die teilweise enge Passstraße ist auf der einen Seite mit einer Felswand gesichert, während auf der anderen Straßenseite nur vereinzelte Steine den Straßenrand markieren. Eine Leitplanke als Absicherung vor dem Tal sucht man hier meist vergebens.

Hinter der 22. Serpentine sollte man beginnen, nach einem Parkplatz Ausschau zu halten, und nötigenfalls den restlichen Aufstieg zu Fuß machen. Denn besonders für größere Wohnmobile kann es auf der Passhöhe schwierig werden, einen ausreichend großen Parkplatz zu finden. Und ist man erst einmal bei der Talfahrt, folgt so schnell keine Wendemöglichkeit mehr. Gleichwohl ist das Anhalten auf dem Vršičpass (46.434528, 13.743639) natürlich Pflicht.

Die Aussicht von der eigentlichen Passstraße ist wenig beeindruckend. Es gibt kaum Fernblicke, da rechts und links der Straße weiterhin die Berge in die Höhe ragen. Daher sollte man hier in die Wanderschuhe steigen und die Höhe bei einem ausgedehnten Spaziergang genießen. Emp-

Immer wieder fällt der Blick auf die Fauna.

Vielerorts wird an die Alpinisten erinnert.

fehlenswert ist zum Beispiel der leicht erreichbare und nur wenige Hundert Meter entfernte Aussichtspunkt **Ajdovska deklica**. Übersetzt steht die Bezeichnung für »heidnisches Mädchen«. Bei ihr handelt es sich der Legende nach um ein Wesen der Mythologie, das prophezeit haben soll, der Sohn eines Jägers würde den Gamsbock Zlatorog erschießen. Andere heidnische Mädchen waren darüber so erzürnt, dass man sie in einen Felsen verwandelte. Das Gesicht des heidnischen Mädchens ist in der Nordwand des Prisojnik zu erkennen. Man braucht ein paar Anläufe, um in der riesigen Bergwand ein Gesicht auszumachen, doch hat man es erst einmal entdeckt, wird man es immer wieder sofort orten.

Der Berg ist darüber hinaus bekannt dafür, dass er ein sogenanntes Fenster besitzt. Der Durchgang durch den Berg ist satte 80 Meter hoch und rund 40 Meter breit. Von der Straße aus ist das Fenster nur schwer zu erkennen. Entscheidet man sich für eine Tageswanderung auf dem Kammweg, so kommt man automatisch daran vorbei und kann durch den Durchgang hinab in das Tal blicken.

Bovec
Soča-Tal
22 km
203
Kobarid

HINAB INS SOČA-TAL

Nach der ausgiebigen Erkundung rund um den höchsten Pass Sloweniens geht es auf der Straße wieder hinab. Sie ist fortan zweispurig und auch in den Spitzkehren asphaltiert, was die Abfahrt angenehm gestaltet. Zwischen den Kurven 28 und 29 lohnt es sich, noch mal auf einem kleinen Schotterparkplatz (46.415528, 13.741056) anzuhalten und einen Fotostopp einzulegen. Von einer hölzernen Plattform hat man hier einen schönen Ausblick in das Soča-Tal, bevor schließlich die Haarnadelkurven in kurzen Intervallen folgen und man die Abfahrt hinter sich gebracht hat. Wer es schafft, den einzigen Parkplatz in Kurve 48 zu ergattern, kann hier wenige Schritte zum **Julius-Kugy-Denkmal** zurücklegen, mit dem an den Bergsteiger erinnert wird. Der in Gorica geborene Kugy gilt als Erschließer der Julischen Alpen und bestieg die Gipfel bis ins hohe Alter. Immer wieder wird man bei Wanderungen durch die Region auf seinen Namen stoßen.

In Kurve Nummer 49 zweigt eine kleine Straße ab, auf der man bis kurz vor die Quelle der Soča fahren kann. Der Parkplatz ist

Die Napoleonbrücke bei Kobarid

jedoch recht klein und bietet nur mäßige Wendemöglichkeiten. Sinnvoller ist es, den Parkplatz (46.403972, 13.739806) am Flussufer zu benutzen. Von dort kann man ein Stück zurückgehen und am Ufer des noch jungen Flusses auf einem gemütlichen Waldweg zur Quelle spazieren. Eine weitere Möglichkeit wäre, der Straße noch 250 Meter zu Fuß zu folgen und dann über eine schmale Brücke den Fluss zu überqueren. So gelangt man einerseits ebenfalls zum Kugy-Denkmal und andererseits zu den **Trögen der Mlinarica**, eine Art Klamm, die stellenweise nur einen Meter zwischen den steil überhängenden Felswänden breit ist.

Weiter talwärts folgt mit **Trenta** die erste Ortschaft ab Kransjka Gora. Mehrere Campingplätze und eine Touristeninformation machen deutlich, dass wir uns hier im Herzen des Nationalparks befinden. Der Ort ist einer von mehreren Ausgangspunkten, um den höchsten Berg des Landes zu erklimmen. Der 2864 Meter hohe Triglav zeigt sich im östlich gelegenen Tal Zadnjica, von wo aus auch die Wanderung startet. Für die Besteigung sollte man jedoch eine gute Kondition und auch entsprechende Kletterausrüstung und -erfahrung mitbringen. Bis knapp 250 Höhenmeter unter dem Gipfel ist der Weg verhältnismäßig einfach, doch dann folgt ein Klettersteig, den man stellenweise über Metallstifte begeht. Die Wanderung ab Trenta gilt als die anspruchsvollste, da sie die meisten Höhenmeter aufweist. Einzuplanen sind mindestens 14 Stunden oder besser noch eine Übernachtung auf der Hütte. Zwei weitere, etwas kürzere Aufstiege führen von Westen und von Norden her auf den Triglav, doch der Abschnitt mit dem Klettersteig lässt sich nicht umgehen.

Ein Feuersalamander im Triglav-Nationalpark

Malerisch zeigt sich das Soča-Tal.

Die weitere Fahrt führt uns durch das Soča-Tal und an einigen weiteren malerisch gelegenen Campingplätzen vorbei bis Bovec.

HISTORISCHE SPUREN

Mit **Bovec** verlassen wir zwar den Nationalpark Triglav, doch landschaftlich bleibt es weiterhin schön, während wir unsere Reise auf der Straße 203 durch das Soča-Tal fortsetzen. Wir durchqueren kleinere Dörfer und es liegen etliche Rastplätze an der Straße, von wo aus man teilweise zum Ufer des Flusses hinabspazieren kann. Bei **Kobarid** wird es wieder deutlich touristischer. Mehrere Campingplätze stehen dort zur Verfügung und Anbieter von Rafting- und Hikingtouren freuen sich über Teilnehmer.

Wer sich zu den dortigen Campingplätzen begibt, wird unweigerlich an der Napoleonsbrücke (46.248306, 13.586028) vorbeikommen. Sie überspannt den Fluss an einer engen, schluchtartigen Stelle und wurde Mitte des 18. Jahrhunderts gebaut. Ihren Namen erhielt sie später, nachdem die napoleonischen Truppen auf dem Weg nach Predel diese Brücke überquerten. Heute wird sie auch gerne von Wagemutigen genutzt, die von der Brücke in das erfrischende Wasser der Soča springen.

SPECIAL

MANGARTSTRASSE

Wohnmobilisten mit Motorrädern oder Leichtkraftfahrzeug im Gepäckraum sind bei Bovec klar im Vorteil, denn die Straße 203 zweigt in Richtung Mangart ab, kann jedoch im oberen Bereich nur von Fahrzeugen mit einer Maximalhöhe von 2,20 Metern befahren werden.
Nach der höchstgelegenen Passstraße erreicht man hier nämlich die höchstgelegene Straße Sloweniens. Mangels Pass ist sie eine Sackgasse, führt jedoch auf eine Höhe von 2055 Metern. Die zwölf Kilometer lange Mautstraße ist sehr eng und leitet durch mehrere Tunnel. Oben angekommen, verläuft sie als Ringstraße durch eine malerische Landschaft unterhalb des markanten Mangartgipfels und bietet tolle Fernsichten in alle Richtungen.

Kobarid
Napoleonsbrücke, italienisches Kriegsdenkmal 102
18 km
Tolmin
Bergkegel mit Ruine, 102
Klamm 403
56 km 909
See Bohinjsko Jezero, Savica-Wasserfall 209
21 km
Bled

Auch bei schlechtem Wetter ist Slowenien eine Reise wert.

Im Ersten Weltkrieg war die Gegend rund um Kobarid Schauplatz der sogenannten Isonzoschlachten. Isonzo ist der italienische Name des Flusses Soča. Zwölf Schlachten wurden hier zwischen Italien und Österreich-Ungarn ausgetragen und auf beiden Seiten kam es zu verheerenden Verlusten in fünfstelliger Zahl. Die letzte Isonzoschlacht war schließlich entscheidend für den Rückzug der italienischen Soldaten und wird auch als Schlacht von Karfreit (das heutige Kobarid) bezeichnet. Ein Museum in der kleinen Ortschaft informiert umfangreich über die damaligen Geschehnisse.

Nicht weit von dort entfernt verläuft zudem ein Kreuzweg aus dem Ort heraus und hinauf zum italienischen Kriegsdenkmal. Dieses wurde im Jahr 1938 von dem Diktator Mussolini eingeweiht und um eine Kirche aus dem späten 17. Jahrhundert herum errichtet. Es besteht aus drei achteckigen Terrassen, die übereinander gebaut wurden und mit Treppen verbunden sind. Zu sehen sind mehrere mit Marmorplatten versehene Nischen. Auf dem Marmorgestein sind die 4000 Namen, der militärische Rang und die jeweiligen Verdienste der hier begrabenen Soldaten eingraviert. Hinzu kommen weitere 3000 unbekannte Soldaten, die hier ihre letzte Ruhe fanden. Vom Kriegsdenkmal aus schweift der Blick weit über die beiden Täler, die bei Kobarid zusammentreffen, und in das Soča-Tal hinein, dem wir auf der gut ausgebauten Landstraße 102 folgen.

Tolmin ist der nächstgrößere Ort und präsentiert bei der Anfahrt auf der linken Seite zunächst einmal einen bewaldeten Hü-

Monumentales Kriegsdenkmal

Ein beliebtes Reiseziel ist der Bohinjsko jezero.

Viele Kirchen säumen den Weg.

gel. Er ist Standort eines ehemaligen Schlosses, von dem heute nur noch die Grundmauern zu sehen sind. Der Aufstieg auf den Bergkegel lohnt sich vor allem wegen der tollen Aussicht, die man von oben auf das Tal, die Ortschaft und auf das beeindruckende Triglav-Gebirge hat.

SEHENSWERTE KLAMM

Am nördlichen Ortsrand erreicht man den südlichsten Zugang zum Nationalpark. Mit einer Höhe von 180 Metern über dem Meeresspiegel ist es zugleich der tiefstgelegene Punkt des Triglav-Nationalparks. Entgehen lassen sollte man sich den Zugang nicht, denn die Natur hat hier eine sehenswerte Klamm geschaffen (46.197722, 13.739639), in der man auf schmalen Pfaden die enge Schlucht ersteigen kann. Festes Schuhwerk ist auf jeden Fall erforderlich, auch wenn die Wege an sich sehr kurz sind. Doch sie sind schweißtreibend und weder für Kinder noch für Personen geeignet, die körperliche Anstrengung vermeiden müssen. Über mehrere Brücken spaziert man hinweg und genießt dabei die üppige Vegetation, die sich aufgrund der hohen Feuchtigkeit in der Klamm gebildet hat.

In der folgenden gemütlichen Ortschaft **Most na Soči** verlassen wir den Fluss Soča und fahren auf der Straße 102 in das kleinere Idrijca-Tal hinein. Auch dieses verlassen wir schon nach wenigen Augenblicken und biegen noch vor dem Eisenbahnviadukt links auf die Straße 403 in Richtung Podbrdo ab. Für die Fahrt auf der schmalen Gebirgsstraße sollten wir ein wenig mehr Zeit einplanen. Sie ist nicht sehr anspruchsvoll, führt aber durch mehrere kleine Ansiedlungen im Tal des Flusses Bača. Dieser ist bei Anglern sehr beliebt, die sich vor allen Dingen der Fliegenfischerei widmen. Auch einige Serpentinen sind wieder einmal zu durchqueren, bevor wir hinter **Podbrdo** halb links auf die Straße 909 in Richtung Bohinj abbiegen.

Die waldreiche Fahrt führt stets bergauf und ist insbesondere zu Beginn anstrengend. Fahrer von Dickschiffen sollten sich überlegen, ob sie für die Strecke nach Bled nicht lieber den Umweg über die Hauptstadt Ljubljana in Kauf nehmen. Kleinere Wohnmobile und Kastenwagenfahrer werden mit der Straße weniger Probleme haben. Zwischenzeitlich überquert man den Pass **Bohinjsko sedlo** (46.241389, 14.009889) mit einer Höhe von 1277 Metern, bevor man auf der weiteren Reise nach **Bohinjska Bistrica** gelangt. Der Ort ist ebenfalls ein beliebter Ausgangspunkt für Touren in den angrenzenden Triglav-Nationalpark und hat zudem große Bedeutung für den Wintersport in Slowenien.

Doch die eigentliche Sehenswürdigkeit und das Ziel vieler Urlauber liegt rund fünf Kilometer weiter östlich außerhalb der Stadt. Dort erstreckt sich über eine Länge von knapp vier Kilometern der **Bohinjsko jezero**. Der See ist ein beliebtes Ausflugsziel und Erholungsgebiet. Auf der Straße 904 kann man das Südufer des Sees erfahren, doch die wahre Schönheit des Bergsees erlebt man erst bei einer Wanderung, die auf naturbelassenen Wegen rund um den See problemlos möglich ist und für die man rund drei Stunden einplanen sollte. Campingplätze und Parkmöglichkeiten (z. B. 46.281306, 13.848028) gibt es im südlichen Uferbereich ausreichend.

Der Wasserfall gilt als eine der Save-Quellen.

AM BLEDER SEE

Die Umrundung des Triglavs mitsamt seinem Gebirge und dem Nationalpark endet in der beliebten Kleinstadt **Bled**. Das Erste, was man von ihr sieht, ist der Bleder See auf der linken Seite. Er bildet ein wunderschönes Motiv: im Vordergrund sonnenhungrige Badegäste auf dem Rasenstrand, während sich im Hintergrund die Bleder Burg auf einem

AUSFLUG

ZUM SAVICA-WASSERFALL

Noch ein kurzes Stück weiter östlich lohnt sich auch die kurze Wanderung zum Savica-Wasserfall (46.289472, 13.802250). Der Wasserfall, der an der steilen und engen Felswand spektakulär 38 Meter in die Tiefe stürzt, gilt als Quelle der Velika Savica. Etwas weiter unterhalb, am Parkplatz, stößt noch der Lauf der Mala Savica hinzu. Damit bildet sich die Kleine Save (Savica), die den See Bohinjsko jezero durchquert und später auf die Sava Dolinka trifft. Somit haben wir nach dem Besuch des kleinen Zelenci-Sees im Save-Tal bei Rateče beide Quellen der Save, des größten Flusses Sloweniens, kennengelernt.

Bled
Bleder Burg, Bleder See, Pletna-Boote 201
25 km
Mojstrana

Die Bleder Burg thront über
dem strahlend blauen Wasser.

Mit dem Pletna-Boot auf dem Bleder See

Felssporn vor der Kulisse der Karawanken mit ihrem höchsten Gipfel abzeichnet. Dazwischen strahlend blaues Wasser, auf dem die kleinen Pletna-Boote gemütlich ihre Bahnen ziehen.

Nicht umsonst ist Bled ein beliebter Urlaubsort mit zahlreichen Hotels und Beherbergungsbetrieben. Mit einer Wassertemperatur von bis zu 25 Grad Celsius im Sommer lockt der See viele Gäste. Seine Ausmaße betragen zwei Kilometer in der Breite und rund eineinhalb Kilometer in Nord-Süd-Ausdehnung. Bis zu 30 Meter sind es bis zum Grund des Bleder Sees.

Im westlichen Bereich befindet sich ein kleines Eiland mit einer Fläche von 80 × 160 Metern. Die Insel beherbergt eine Marienkirche mit einem 54 Meter hohen Turm. Sie stammt in ihrer heutigen Form aus dem 17. Jahrhundert, da die ursprünglichen Sak-

Schmucke Kapelle in den Alpen

Ein Wasserfall, den man umrunden kann

ralbauten auf dem Eiland durch Erdbeben zerstört bzw. stark beschädigt wurden. Eine erste Kirche ist aber bereits für das 12. Jahrhundert belegt. Vermutet wird, dass sich zuvor schon eine altslawische Kultstätte auf der Insel befunden hatte. Das Eiland kann von mehreren Anlegern am Ufer erreicht werden. Dort starten die Pletnas, kleine, meist mit einem Tuch überdachte Holzboote, die von einem Ruderer stehend gesteuert werden. Wer es bevorzugt, das Steuer selbst in die Hand zu nehmen, kann am Bleder See natürlich auch eines der zahlreichen Ruderboote mieten.

Am nordöstlichen Ufer überragt in einer Höhe von fast 140 Metern die **Bleder Burg** auf einem Bergsporn das Treiben auf dem Wasser. Sie wurde das erste Mal im frühen 11. Jahrhundert erwähnt, doch das heutige Bauwerk stammt weitestgehend aus dem 16. Jahrhundert, da sie nach den Erdbeben ebenfalls stark beschädigt war und wiederaufgebaut wurde. Als ältester Teil blieb der Burg der runde Turm im romanischen Stil. Neben einem Museum beherbergt die Bleder Burg ein Restaurant mit Außenterrasse, von der man bei einer gemütlichen Einkehr einen wunderbaren Blick auf den See und die kleine Insel mit der Marienkirche genießen kann.

Mit Bled haben wir wieder das Save-Tal erreicht, das wir bei Kranjska Gora verließen. Für diejenigen, die noch nicht genug vom Nationalpark haben, lohnt es sich, den Weg durch das Save-Tal nach **Mojstrana** einzuschlagen. Von dort verläuft die schmale und teilweise nur geschotterte Straße 908 in ein immer enger werdendes Tal hinein. Am Ende trifft man auf einen kostenpflichtigen Parkplatz (46.412861, 13.846833), von dem aus es nur noch zu Fuß weitergeht. Durch einen Wald hindurch gelangt man auf einem leichten Wanderweg zum Fuße des Triglav – eine ideale Möglichkeit, den höchsten Berg des Landes aus nächster Nähe kennenzulernen, wenn man ihn nicht besteigen kann.

Ungefähr auf halber Strecke passiert man während der Fahrt noch einen kleineren Wanderweg hinauf zum **Peričnik-Wasserfall** (46.438111, 13.895833). Er besteht aus zwei Fällen, 16 und 52 Meter hoch. Das Wasser der größeren der beiden Kaskaden stürzt über eine überhängende Klippe hinab, sodass man auch hinter dem Wasser entlanglaufen kann.

Mojstrana
Peričnik-Wasserfall, Wanderweg zum Fuß des Triglav
Ziel

PRAKTISCHE HINWEISE

TOURISTENINFORMATIONEN

Tourismusverband Rateče – Turistično društvo (TD) Rateče
Rateče 22, 4283 Rateče-Planica,
Tel. +386 4 5876041

Informationszentrum des Triglav-Nationalparks – Informacijsko središče Triglavskega narodnega parka
Dom Trenta, Na Logu v Trenti, 5232 Soča,
Tel. +386 5 3889330

Touristeninformation Bovec – Turistično informacijski center (TIC) Bovec
Trg golobarskih žrtev 22, 5230 Bovec,
Tel. +386 5 3029647

TIC Kobarid
Trg svobode 16, 5222 Kobarid,
Tel. +386 5 3800490

TIC Tolmin
Petra Skalarja 4, 5220 Tolmin,
Tel. +386 5 3800480

TD Bohinj
Ribčev Laz 48, 4265 Bohinjsko jezero,
Tel. +386 4 5746010

TIC Bled
Cesta svobode 10, 4260 Bled,
Tel. +386 4 5741122

TIC Mojstrana
Triglavska cesta 49, 4281 Mojstrana,
Tel. +386 8 3806730

STELLPLÄTZE

S100 **Wohnmobilstellplatz Rateče-Planica** (S. 174/D1)
Rateče, 4283 Rateče
GPS-Daten: 46.477861, 13.725000
Gleich gegenüber den Skisprungschanzen in Planica befinden sich zehn Stellflächen in ruhiger Lage. Idealer Ausgangspunkt für eine Wanderung weiter in das Tal hinein und nach Tamar. Hier gibt es Möglichkeiten zur Ver- und Entsorgung sowie Strom.

Ruhig übernachtet man in Planica.

Stellplatz in Kranjska Gora

S 101 Wohnmobilstellplatz Kranjska Gora (S. 174/D1)
Borovška cesta 106, 4280 Kranjska Gora
GPS-Daten: 46.487611, 13.774722
Am östlichen Ortsrand von Kranjska Gora und noch im Save-Tal gelegen. Nahe an der Straße 201. Strom, Ver- und Entsorgung, Wi-Fi und eine einfache Toilette vorhanden.

S 102 Wohnmobilstellplatz Bohinjska Bistrica (S. 175/F4)
Ajdovska cesta, 4264 Bohinjska Bistrica
GPS-Daten: 46.275556, 13.959167
22 abgetrennte Stellflächen auf Schotter und hinter einer Schranke am kleinen Bahnhof der Ortschaft. Der Zugverkehr ist überschaubar, daher dennoch ruhig. Strom, Wasser und WC vorhanden.

S 103 Wohnmobilstellplatz Bled
(S. 175/H3) Ulica Jule Vovk Molnar, 4260 Bled
GPS-Daten: 46.369750, 14.117500
Einfacher Stellplatz für 20 Wohnmobile in unmittelbarer Nachbarschaft zu einem Supermarkt, nicht direkt am See.

CAMPINGPLÄTZE

C 104 Camp Špik (S. 175/E1)
Jezerci 15, 4282 Gozd-Martuljek, Tel. +386 51 634466, www.camp-spik.com
GPS-Daten: 46.484722, 13.838139
Weitläufiges Areal auf Rasen mit Baumbestand, das zum angrenzenden Wellnesshotel gehört. Toller Blick auf das Triglav-Gebirge, östlich von Kranjska Gora.

C 105 Camping Trenta (S. 174/D3)
Trenta 60 a, 5232 Soča, Tel. +386 3 1615966
GPS-Daten: 46.388917, 13.747222
Kleiner Campingplatz im Soča-Tal zwischen der Südabfahrt vom Vršičpass und der Ortschaft. Malerisch im engen Tal gelegen, direkt an der Straße. Bushaltestelle direkt vor dem Platz.

C 106 Kamp Triglav (S. 174/D3)
Trenta 18 a, 5232 Soča,
Tel. +386 3 1393683, www.kamp-triglav.si
GPS-Daten: 46.374333, 13.740556
Moderner Campingplatz mit Rasenflächen und Baumbestand in traumhaft schöner Lage mitten im Tal.

C 107 Camp Korita (S. 174/D3)
Soča 38, 5232 Soča, Tel. +386 5 3889322, www.camp-korita.com
GPS-Daten: 46.341417, 13.684861
Einfacher Campingplatz gleich neben dem Fluss Soča. Der Schwerpunkt liegt auf Öko- und Zelttourismus, Wohnmobile werden aber auch aufgenommen.

Weitläufiger Campingplatz am Bohinjsko jezero

C 108 **Kamp Soča** (S. 174/C4)
Soča 8, 5232 Soča, Tel. +386 5 3889318,
https://kamp-soca.si
GPS-Daten: 46.335056, 13.644167
Großer Rasencampingplatz in einer Flussschleife mit direktem Zugang zum Flussufer, ruhige Lage.

Folgende vier Campingplätze befinden sich direkt nebeneinander an der Mündung des Flusses Koritnica in die Soča. Die Übergänge scheinen dabei fließend und die Plätze sind alle ähnlich modern ausgestattet. Im Zentrum steht hierbei der Wassersport in Form von Kajak- und Raftingtouren. Die einzige Zufahrtsstraße führt als Sackgasse in folgender Reihenfolge zu den Plätzen:

C 109 **Camp Vodenca** (S. 174/B4)
Vodenca nn, 5230 Bovec,
Tel. +386 31 542299,
www.camp-vodenca.com
GPS-Daten: 46.331222, 13.572389

C 110 **Kajak Kamp »Toni«** (S. 174/B4)
Vodenca 1, 5230 Bovec,
Tel. +386 5 3886454,
www.kajakkamptoni.com
GPS-Daten: 46.331722, 13.574611

C 111 **Kamp Kovač** (S. 174/B4)
Vodenca 7, 5230 Bovec,
Tel. +386 5 3886831,
www.sloveniaholidays.com/kamp-kovac-bovec.html
GPS-Daten: 46.330944, 13.574722

C 112 **Camp Liza** (S. 174/B4)
Vodenca 4, 5230 Bovec,
Tel. +386 5 3896370, www.camp-liza.com
GPS-Daten: 46.332361, 13.575000

C 113 **Kamp Polovnik** (S. 174/B3)
Ledina 8, 5230 Bovec, Tel. +386 5 3896007,
www.kamp-polovnik.com
GPS-Daten: 46.336167, 13.558333
Abseits des Wassersportzentrums und des Flusses befindet sich am Ortsrand von Bovec zudem dieser kleine Campingplatz direkt an der Straße 203. Große Rasenfläche mit Blick auf die umliegenden Berge.

C 114 **Kamp Lazar** (S. 174/C5)
Trnovo ob Soči 1b, 5222 Kobarid,
Tel. +386 5 3885333, www.lazar.si
GPS-Daten: 46.255444, 13.586500
Moderner Campingplatz in sehr schöner Lage nördlich von Kobarid an einer Engstelle der Soča. Spannend ist hier auch

die Hängeseilbrücke, die sich hier über den Fluss spannt.

C 115 **Kamp Koren** (S. 174/C5)
Ladra 1 b, 5222 Kobarid,
Tel. +386 5 3891311, www.kamp-koren.si
GPS-Daten: 46.249306, 13.587111
Enger und kleiner Campingplatz mit dichtem Baumbestand nur wenige Schritte von der Napoleonsbrücke entfernt.

C 116 **Kamp Vili** (S. S. 174/D5)
Volarje 64, 5220 Tolmin, Tel. +386 5 3811313
GPS-Daten: 46.206972, 13.680000
Einfacher Campingplatz auf halber Strecke zwischen Kobarid und Tolmin, direkt am Nordufer der Soča. Hier laufen auch schon mal Enten und Gänse am Wohnmobil vorbei.

C 117 **Camp Gabrje** (S. S. 174/D6)
Gabrje, 5220 Tolmin, Tel. +386 31 630630,
www.camp-gabrje.com
GPS-Daten: 46.197333, 13.695167
Ebenfalls einfacher und ruhiger Campingplatz kurz vor Tolmin.

C 118 **Kamp Danica** (S. 175/F5)
Triglavska cesta 60, 4264 Bohinjska Bistrica, Tel. +386 4 5721055,
www.camp-danica.si
GPS-Daten: 46.274278, 13.947917
Am östlichen Ortsrand, jedoch nicht am See, sondern am Flussufer gelegener großer Campingplatz. Moderne Einrichtungen und Restaurant am Platz.

C 119 **Camp Zlatorog Bohinj** (S. 175/E4)
Ukanc 5, 4265 Bohinjsko jezero,
Tel. +386 5 9923648, www.camp-bohinj.si
GPS-Daten: 46.278889, 13.837361
Am Westufer des Sees gelegener, moderner Campingplatz mit Kies-Badestrand.

C 120 **Camping Bled** (S. 175/G3)
Kidričeva cesta 10 c, 4260 Bled,
Tel. +386 4 5752000,
www.camping-bled.com/si
GPS-Daten: 46.361667, 14.082278
Beliebter, familienfreundlicher und daher oftmals gut besuchter Campingplatz direkt am Westufer der Bleder Sees.

C 121 **Camping Kamne** (S. 175/F2)
Dovje 9, 4281 Mojstrana,
Tel. +386 4 5891105,
www.campingkamne.com
GPS-Daten: 46.464389, 13.957917
Freundlicher und zum Teil deutschsprachiger Campingplatz im Save-Tal, dennoch ruhig. Ideale Lage, um zum Wasserfall und zum Fuß des Triglavs aufzubrechen.

Camping in Mojstrana mit toller Aussicht

2 ENTLANG DER STEINER ALPEN ZUM DRAU-TAL

Von Bled in die Region Koroška

Mit der Bleder Burg im Rücken verläuft unsere Fahrt zunächst gemütlich durch das Save-Tal, wo kleinere Ortschaften wie Radovljica und Kranj zum Flanieren in den Altstädten einladen. Der Abstecher zum Loibltunnel lohnt, immerhin hat man hier tolle Wandermöglichkeiten mit fantastischen Fernblicken. Nach der Besichtigung des geografischen Mittelpunkts Sloweniens und einem herrlichen Arboretum bei Kamnik zeigen sich die Gipfel der Karawanken wieder von ihren schönsten Seiten. Das Kamniška Bistrica ist nur eines von vielen Tälern, wo wir wandern oder einfach nur den Blick auf die Berggipfel genießen können. Gipfel, wenngleich nicht mehr ganz so hoch, gibt es mit dem Uršlja gora auch weiter im Osten, wenn wir durch die leicht hügelige Landschaft bis zum Tal der Drau gelangen.

Schokoladenfestival in Radovljica

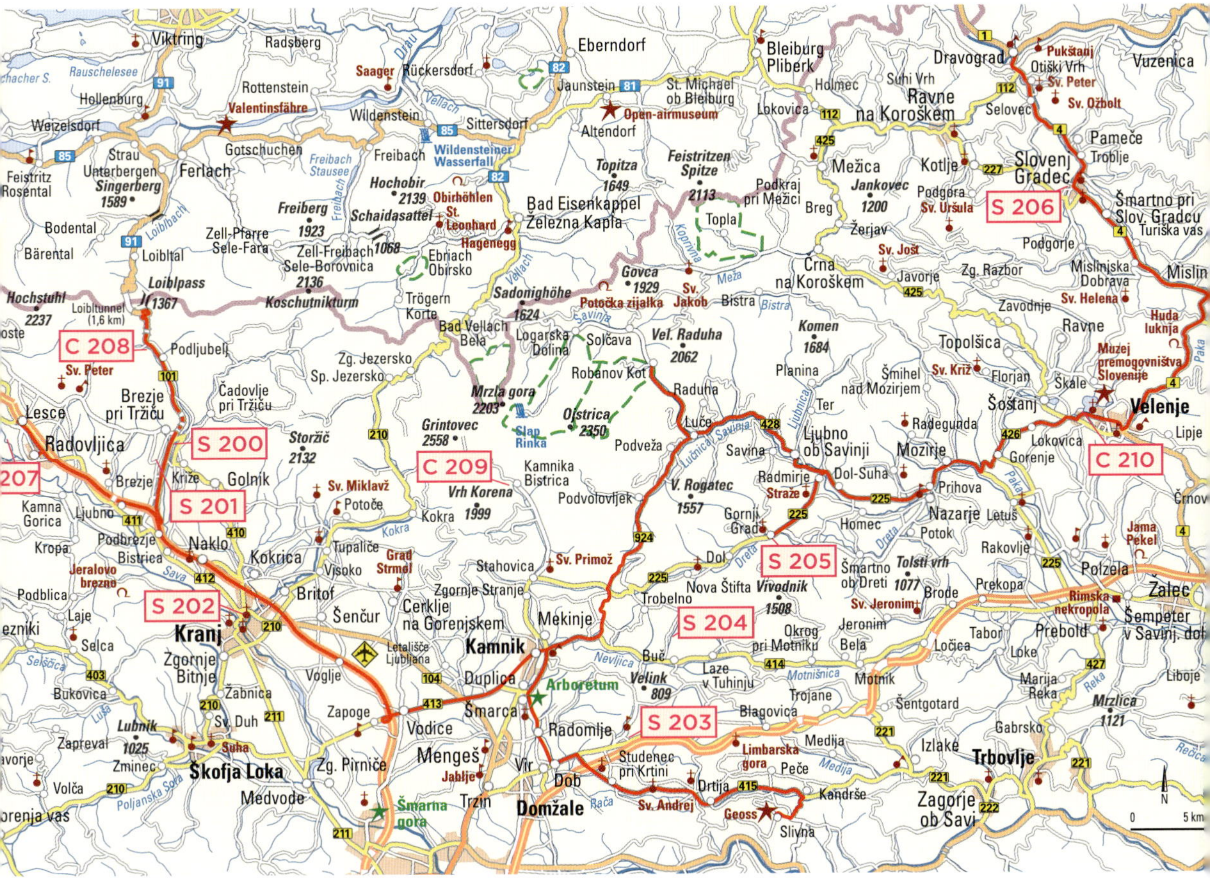

Auf der zweiten Route durch Slowenien lassen wir den Triglav-Nationalpark endgültig hinter uns. Ab Jesenice im Save-Tal können wir auf der Autobahn 2 bzw. der E 61 in südöstliche Richtung an Bled vorbei nach Radovljica fahren. Zeitlich macht es aber kaum einen Unterschied, wenn man die relativ kurze Strecke über die parallel verlaufende Straße 452 zurücklegt. Wer zum Abschluss der Route 1 auf den Triglav-Besuch bei Mojstrana verzichtet hat, wird von Bled über die Straße 209 direkt dazustoßen. Dabei überquert man die Save und wird gleich dahinter auf der linken Seite auf einen sogenannten Dino-Park aufmerksam gemacht. Zu leider völlig überhöhten Preisen lädt man hier dazu ein, einen kurzen Spaziergang durch einen kleinen Wald zu machen. Am Wegesrand stehen teils abgenutzte und wenig gepflegte Dinosaurierskulpturen. Aber auch die Plastiknachbauten menschlicher Kultur wie Stonehenge oder die Sphinx wurden hier recht lieblos in den Wald gestellt.

Gleich dahinter gelangt man nach **Lesce**, wo man auf die Straße 452 und auf die Autobahn stößt. An der Autobahnausfahrt finden sich klassische Supermärkte, in denen man die Vorräte auffüllen kann. Wer große Einkaufszentren bevorzugt, fährt zum Trgovski Center in der Rožna Dolina (46.353500, 14.164250) genau zwischen Lesce und Radovljica. Spätestens ab hier ist man für die weitere Fahrt wieder gut mit Lebensmitteln ausgestattet.

STOPP IN DER DICHTERSTADT

Die Kleinstadt **Radovljica** ist überschaubar, dennoch lohnt es sich, einen kleinen Zwischenstopp einzulegen und einen der Park-

ROUTE 2

START- UND ENDPUNKT
Bled und Dravograd

STRECKEN
überwiegend Landstraßen

STRECKENLÄNGE
ca. 170 Kilometer

FAHRZEIT
2 bis 3 Tage

BESTE JAHRESZEIT
Juni bis September

Ausblick bei Radovljica

plätze (46.343278, 14.173750) anzusteuern. Nur wenige Gehminuten sind es bis in die kleine Altstadt, die aus einer gerade mal 180 Meter langen Fußgängerzone besteht. Sie beginnt an einem Kreisverkehr und führt durch eine schmale Gasse an der Touristeninformation vorbei. Die Gasse mündet in den etwas größeren Platz Linhartov trg, wo sich mehrere historische Gebäude zum Teil aus dem 15. und 16. Jahrhundert aneinanderreihen. Sehenswert ist zum Beispiel das Šivec-Haus auf der rechten Seite, erkennbar an dem Gemälde auf der Fassade. Hier lohnt ein Blick hinein, denn das von außen eher klein anmutende Gebäude entpuppt sich im Erdgeschoss als Kunstgalerie mit einer Säulenhalle und einem Deckengewölbe. Das Obergeschoss wird heute als Trauzimmer genutzt.

Gleich schräg gegenüber erhebt sich das mittelalterliche Schloss Thurn. Mit seiner schmucken Fassade dominiert es den Platz und überrascht ein wenig damit, dass sich im Inneren ein Imkereimuseum befindet. Es erläutert mit zahlreichen Exponaten, welche wirtschaftliche Bedeutung die Bienenzucht in Slowenien während des 18. und 19. Jahrhunderts hatte. Zur gleichen Zeit lebte der Dichter Anton Tomaž Linhart, der als einer der wichtigsten Vertreter der Aufklärung in Slowenien gilt. Auch über sein Wirken wird in den Räumen des Schlosses informiert. Ihm zu Ehren trägt die Fußgängerzone seinen Namen. Sein Geburtshaus haben wir gleich zu Beginn der Gasse gegenüber der Tourismusinformation mit Haus Nr. 7 passiert. Nur wenige Schritte hinter dem Schloss folgen zum Abschluss ein netter, gepflegter Platz und die gotischen Hallenkirche St. Peter. Sie präsentiert sich im Inneren mit einem Kreuzrippengewölbe, das Ende des 15. Jahrhunderts entstand.

Erwähnenswert ist im Zusammenhang mit Radovljica die Tatsache, dass westlich der Stadt die beiden Save-Quellflüsse zusammentreffen, deren Quellen wir in Route 1 kennengelernt haben. Ab hier bilden die Sava Bohinjka und die Sava Dolinka den eigentlichen Verlauf der Save, die auf ihrem weiteren Weg der wasserreichste Zufluss der Donau werden wird und bei der es sich um den größten Fluss von Slowenien und Kroatien handelt. Leider ist die Mündung der beiden Quellflüsse auch zu Fuß nur schwer erreichbar.

Start
Bled
Dreiländereck, Planica, Tamar, Zelenci 209 635
7 km
Radovljica
Dino-Park, Altstadt, Schloss Thurn
Loibl-Pass
27 km
Wanderung auf Begunjščica, E61
Mahnmal Konzentrationslager, E652
Wanderung Loiblpass
27 km
Kranj

Enge Täler in den Karawanken

WANDERUNGEN AM LOIBLTUNNEL

Dem Lauf des Flusses folgen wir weiterhin durch das Tal, doch nur weil wir das Triglav-Gebirge mit seinem Nationalpark hinter uns gelassen haben, heißt das nicht, dass wir ab jetzt auf Berge und Bergwanderungen verzichten müssen. Nur wenige Kilometer hinter Radovljica mündet der 27 Kilometer lange Fluss Tržiška Bistrica in die Save, begleitet von dem dazugehörigen Tal. Durch dieses können wir wieder in Richtung Österreich fahren.

Nördlich der kleinen Ortschaft **Tržič** gabelt sich das Tal. Nordöstlich führt eine schmale Straße hinauf in die bewaldete Berglandschaft. Es folgt ein enger und niedriger Tunnel, leider ohne Höhenangabe, mit nur einer schmalen Wendemöglichkeit davor und einem kleinen Parkplatz dahinter. Zu erleben gibt es hier die **Dovžanova soteska**, eine schmale Schlucht, in der das Wasser des Flusses kaskadenartig über zahlreiche Felsen wildromantisch hinabfließt. Holzbrücken und naturbelassene Wanderwege laden dazu ein, bei einem Spaziergang im Wald die Ruhe zu genießen.

Folgt man ab Tržič der Hauptstraße 101 (E 652) weiter nach Klagenfurt, so gelangt man nach **Podljubelj**. Hinter dieser letzten Ortschaft auf slowenischer Seite führt eine gut befahrbare Straße hinauf zum **Loibltunnel** auf 1068 Meter Höhe unterhalb des 1367 Meter hoch gelegenen Loiblpasses. Schon während der Römerzeit gab es hier eine Passüberquerung und Mitte des 16. Jahrhunderts wurde sie mit einem 150 Meter langen Tunnel knapp unterhalb der Passhöhe ver-

Blick von Österreich nach Slowenien

Aussichtspunkt in Kranj

einfacht. Für damalige Verhältnisse war das Tunnelbauwerk eine Sensation. Für die Passüberquerung mussten Mautgebühren entrichtet werden. Der alte Loiblpass ist heute noch zu Fuß erreichbar, und zwar über die alte Passstraße, die rund 300 Meter vom Parkplatz (46.432472, 14.260500) am modernen Loibltunnel beginnt.

Der heutige Tunnel wurde während des Zweiten Weltkriegs von Zwangsarbeitern des Konzentrationslagers Mauthausen gebaut. Sie mussten unter unmenschlichen Bedingungen in den Baracken des Lagers Ljubelj (46.430139, 14.268944) leben. Die Überreste des Lagers und ein Mahnmal passiert man wenige Hundert Meter bevor man zum Tunnelparkplatz fährt. Nach Ende des Zweiten Weltkriegs wurde die damals nur zwei Mal drei Meter große Tunnelröhre zu ihrer heutigen Breite ausgebaut. Als der Tunnel schließlich fertiggestellt wurde, hat man den alten Loiblpass für den Fahrzeugverkehr gesperrt.

Zum Gedenken an die Opfer des Nationalsozialismus

Einen Abstecher nach Österreich sollte man vermeiden, da die Passstraße auf österreichischer Seite nur für Fahrzeuge bis zu einem Gewicht von 3,5 Tonnen freigegeben ist. Mit einem Gefälle von rund 17 Prozent ist die Passfahrt aber auch für kleinere Wohnmobile nicht zu unterschätzen.

Eine andere lohnenswerte Tageswanderung, die man ab dem Parkplatz machen kann, verläuft auf dem einfachen **Bornweg** zur Preval-Alm in etwas mehr als 1300 Höhenmetern. Von dort geht es weiter auf den 2060 Meter hohen Berg Begunjščica, der ein wunderbares Panorama bietet. In Richtung

Auch Kranj lohnt einen Besuch.

Südwesten erkennt man schnell den Bleder See wieder und der Blick reicht natürlich auch hier zum Gipfel des Triglav, der markant aus dem Gebirge hervorragt. Als Rundwanderweg konzipiert, legt man hier knapp 14 Kilometer zurück und überwindet insgesamt 1400 Höhenmeter, für die man mindestens sechseinhalb Stunden einplanen sollte. Wer sich dem nicht gewachsen fühlt, sollte wenigstens einen Teil des Bornwegs kennenlernen. Nach nur wenigen Gehminuten durchquert man dabei einen rund 200 Meter langen Fußgängertunnel, der in den Fels geschlagen wurde. Den Kopf einziehen nicht vergessen!

DURCH DAS SAVE-TAL

Wieder zurück im Save-Tal, folgen wir dem Flusslauf weiter nach Südwesten und in Richtung Ljubljana. Doch bevor wir uns der Hauptstadt widmen (siehe Route 5), treffen wir auf die kleinere Stadt **Kranj**. Erwähnt wurde die Stadt zum ersten Mal als Chreina im 11. Jahrhundert, doch schon vor Ansiedlung der Slawen war das heutige Stadtgebiet von Langobarden bewohnt.

Nur wenige Schritte vom kleinen, aber hilfreichen Wohnmobilstellplatz (46.243167, 14.357472) entfernt liegt Kranjs hübsche Altstadt, wo kleine Gassen und breite Plätze zur Entdeckungstour locken. Bars und Restau-

Kranj
Altstadt 104
23 km
Kamnik

Kirche in Kranj

Beliebtes Ziel ist die Khiselstein-Burg.

rants stellen ihre Stühle und Tische in den Fußgängerzonen auf und laden zu einer gemütlichen Einkehr rund um die Kirche ein. Gleich daneben befindet sich das Theater, nicht zu übersehen durch die überdimensionale Statue des Dichters France Prešeren.

Zu den Sehenswürdigkeiten der Altstadt gehört das **Schloss Kieselstein**, auch Khislstein genannt. In diesem historischen Bauwerk ist das Heimatmuseum Gorenjska untergebracht, das von der bewegten Vergangenheit der Region berichtet. Die Altstadt erstreckt sich zwischen den beiden Flüssen Sava und Kokra, die an der Südspitze zusammenfließen. Die Kokra im Osten bildet dabei eine kleine Schlucht, die leicht übertrieben als Canyon bezeichnet wird.

Eine weitere Sehenswürdigkeit Kranjs befindet sich weit außerhalb und nördlich der Stadt. Außerdem kann sie nur besichtigt werden, wenn man Staatspräsident oder dergleichen in seinem Arbeitsvertrag stehen hat. Die Rede ist von **Schloss Brdo** (46.270667, 14.378167). Das im 16. Jahrhundert errichtete Anwesen wurde bis zu seinem Tode von Staatschef Tito bewohnt. Heute wird es von der Regierung zu Repräsentationszwecken genutzt. Zahlreiche Staatenlenker waren seither zu Gast in den Räumlichkeiten, unter anderem der US-amerikanische Präsident George W. Bush und der russische Präsident Putin im Jahr 2001. Zu dem weitläufigen Areal gehören ein Golfplatz und ein Hotel, welches zu den Top-Adressen des Landes zählt.

KULTUR

FRANCE PREŠEREN

France Prešeren gilt als bedeutendster Dichter des Landes. Er wurde 1800 im Dorf Vrba zwischen Jesenice und Lesce geboren und schuf neben einigen deutschsprachigen Werken im Jahr 1844 auch das Gedicht »Zdravljica«. Die siebte Strophe des später vertonten Gedichts ist seit der Unabhängigkeit Sloweniens die Nationalhymne des Landes. Welche Bedeutung France Prešeren für das Land hatte, zeigt sich auch darin, dass sein Konterfei die Rückseite der slowenischen 2-Euro-Münze ziert und der Hauptplatz in der Hauptstadt Ljubljana seinen Namen trägt.

Kamnik
Arboretum, Festung, Burgruine, Kloster, Abstecher Mittelpunkt 225
6 km
Stahovica

Entspannter Besuch in der Altstadt von Kranj

Während die Save weiter in Richtung Ljubljana fließt, lassen wir sie langsam und vorläufig zurück. Wir passieren den internationalen Flughafen der Hauptstadt und fahren dafür entweder auf der Nordseite des Airports auf der Straße 104 bis **Moste** oder südlich auf der A2 bis zur Ausfahrt Vodice und dann ebenfalls weiter nach Moste. Der Flughafen ist eine hundertprozentige Tochtergesellschaft der Fraport AG, gehört also zum Frankfurter Flughafen. Obwohl er der größte Flughafen Sloweniens ist, sind die Zahlen natürlich nicht vergleichbar. Während in Frankfurt jährlich über 64 Mio. Passagiere abgefertigt werden, sind es in Ljubljana nur rund eineinhalb Millionen. Auch bei den reinen Flugbewegungen bestehen natürlich erhebliche Unterschiede. In Frankfurt liegen diese bei fast 500000 pro Jahr, während es am slowenischen Airport mit nur einer Start- und Landebahn gerade einmal 33000 sind. Das entspricht in etwa dem Flughafen Dresden.

DAS ARBORETUM IN KAMNIK

In Moste folgen wir der Beschilderung in Richtung Kamnik und fahren in nordöstliche Richtung weiter. Wer nicht auf dem örtlichen Campingplatz nächtigen möchte, sondern nach einer kurzen Stadtbesichtigung weiterziehen will, steuert idealerweise einen der Parkplätze am Rande der kleinen Altstadt an, zum Beispiel den Parkplatz hinter dem Kloster (46.226833, 14.610472).

Kamnik gilt als eine der ältesten Städte des Landes und bietet eine nette Innenstadt

Auch Kamnik begrüßt mit einem kleinen Wasserlauf

Die Kirche in Kamnik besitzt einen frei stehenden Glockenturm.

mit schmalen Straßen, die jedoch ganz ohne Fußgängerzone auskommt. Die einzige Straße, die man halbwegs als autofrei bezeichnen könnte, ist die Šutna, die nur Anliegerverkehr zulässt. Sie verläuft nahe dem Bahnhof im südwestlichen Teil der Altstadt und an der Kirche Marias unbefleckte Empfängnis vorbei. Mit ihrem frei stehenden Kirchturm dominiert sie die Šutna.

Quirliger ist das Leben in der Kleinstadt an der nördlichen Einfahrt in die Straße. Dort befindet sich unter mächtigen Kastanienbäumen der Zugang zur **Mali Grad**, der Kleinfeste. Geblieben ist zwischen den Grundmauern der Ruine die sehenswerte Kapelle, doch auch der Blick von dem kleinen Burghügel auf die Stadt ist sehr schön. So sieht man unter anderem den kleinen Fluss Kamniška Bistrica, der sich malerisch am östlichen Rand der Altstadt seinen Weg bahnt und die Stadt von dem dort steil aufragenden Bergkegel abtrennt. Dieser lässt sich ab dem Flussufer bei einer steilen, aber kurzen halbstündigen Wanderung leicht erklimmen. Man könnte auch mit dem Wohnmobil hinauf zum Parkplatz fahren, doch die teils sehr enge Straße beschreibt einen weiten Bogen, sodass man schon allein über zehn Minuten für die Fahrt benötigt, wenn kein Gegenverkehr kommt.

Einfacher ist da in der Tat die Wanderung. Der Einstieg hierfür beginnt mit einer Treppe leicht versteckt hinter der Grundstücksmauer an der Straße 225, rund 50 Meter von der kleinen Brücke über den Fluss entfernt. Oben angekommen, befindet man sich zwischen den Überresten der **Stari Grad**, einer weiteren mittelalterlichen Burganlage, und kann von dort die Aussicht von einer Gartenterrasse genießen. Zu sehen sind insbesondere in Richtung Osten und Norden die sogenannten Steiner Alpen. Sie sind als letzte Ausläufer der Karawanken noch ein Teil der Südlichen Kalkalpen. Sie beherbergen immer noch zahlreiche 2000er. Der höchste von ihnen ist der Grintovec mit einer Höhe von 2558 Metern.

Zurück zum Parkplatz in der Stadt sollte man noch einen Blick auf die St. Jakobskirche am Franziskanerkloster werfen. Sie wurde im italienischen Barock gebaut und stammt aus dem frühen 18. Jahrhundert.

Das Highlight von Kamnik befindet sich gute fünf Kilometer außerhalb der Stadt und

Im Norden von Kamnik zeichnen sich die Karawanken ab.

lässt sich mit dem Wohnmobil sehr einfach erreichen (46.184778, 14.606444). Am kostenpflichtigen Parkplatz wartet das Arboretum auf seine Besucher. Unter dem Namen **Volčji Potok** wurde es von der Ljubljaner Universität in den 1950er-Jahren am Standort eines ehemaligen Schlosses gegründet. Dieses existiert weltkriegsbedingt nicht mehr, doch die weitläufigen Grünanlagen hat man in einen stolzen Park verwandelt, der zu den meistbesuchten Parks in Slowenien zählt. Rund 2500 Arten an Sträuchern und Bäumen verzieren das Arboretum und man kommt unterwegs an Hecken und Teichen vorbei. Kurze Wege bestehen sogar aus Baumstümpfen, auf denen man trockenen Fußes ein Biotop überwinden kann. Und die kleinen Besucher erfreuen sich an zahlrei-

Klein und gemütlich – das Zentrum Kamniks

GEOSS ist der geografische Mittelpunkt des Landes.

chen Dinosaurierskulpturen, die im Arboretum ebenfalls aufgestellt wurden.

SLOWENIENS MITTE

Ziemlich abseits der geplanten Route, nämlich knappe 17 Kilometer in südöstliche Richtung und der Straße 415 folgend, gelangen wir für einen Abstecher in die Nähe der sehr kleinen Siedlung Slivna, Teil des Dorfes **Vače**. Neben einem Volleyballfeld mitten im Ort, nett gestalteten Sitzbänken und liebevollen Verzierungen in so manchem Garten steht das Dorf ganz im Mittelpunkt Sloweniens – im wahrsten Sinne des Wortes. Am südlichen Dorfrand befinden sich nämlich folgende Koordinaten: 46.120306, 14.815611. Sie markieren das sogenannte GEOSS. Das Akronym steht für Geometrično središče Slovenije, den geografischen Mittelpunkt Sloweniens.

Auf dem weiteren Weg folgen wir mit dem Wohnmobil der Straße 225 bis **Stahovica**. Dort zweigt nach links die Straße in das

Stahovica
Abstecher in das Tal Kamniška Bistrica, Berg Grintovec
225
22 km
Gornji Grad

SPECIAL

GEOGRAFISCHER MITTELPUNKT GEOSS

Zur Ermittlung des geografischen Mittelpunkts einer unregelmäßigen Fläche wie den Umrissen eines Staates gibt es verschiedene Berechnungsmethoden. So kann man zum Beispiel von den äußersten Enden eines Landes den Schnittpunkt ziehen. Oder man ermittelt den Flächenschwerpunkt, indem man den Grundriss auf einer Nadel balanciert. Die Ergebnisse der verschiedenen Methoden weichen geringfügig voneinander ab. So gibt es allein in Deutschland drei Denkmäler, die für den geografischen Mittelpunkt stehen. In Slowenien entschied man sich für den Flächenschwerpunkt. Eine Stele und eine Linde kennzeichnen diesen Ort nahe dem Dorf Vače, der für die Slowenen weit mehr ist als nur eine geografische Spielerei. GEOSS symbolisiert zugleich das Herz Sloweniens und die Bestrebungen nach einer eigenen Existenz und Entwicklung, was ihnen jahrzehntelang verwehrt blieb. Daher verwundert es nicht, dass dieser geografische Mittelpunkt der einzige innerhalb der EU ist, der sogar gesetzlich geschützt ist.

Idylle im Tal Kamniška Bistrica

Tal **Kamniška Bistrica** ab. Das waldreiche Tal wird während der nächsten acht Kilometer immer enger, was der Straße aber keinen Abbruch tut. Mehrere Campingplätze und Parkplätze in dem Tal, das zugleich eine Sackgasse ist, sind gute Stationen für Wanderungen auf die umliegenden Gipfel. Wer die Herausforderung annehmen möchte, den bereits erwähnten **Grintovec** zu erklimmen, fährt bis zum Ende des Tals, wo man ebenfalls wunderbar ein Nachtlager aufschlagen kann. Alpine Wandererfahrung sollte man auf dem durchgehend markierten Pfad jedoch mitbringen. Im oberen Bereich ist man auf seilgesicherten Wegen unterwegs. Immerhin ist der Grintovec der höchste Berg der Steiner Alpen.

IN DIE TÄLER VON SOLČAVSKO

Zurück in Stahovica, fahren wir weiter auf der Straße 225, die sich zu einer Serpentinenstraße wandelt. Die Auffahrt ist aber halb so wild und die Spitzkehren auf der zweispurigen Straße gut zu fahren. Auf einer Höhe von 902 Metern endet die Auffahrt und wir haben den Pass **Črnivec sedlo** erreicht.

Wenige Hundert Meter zuvor könnte man links in Richtung **Podvolovljek** abbiegen, um sich kurz darauf der ruhigen und sehr schönen Landschaft der Region **Solčavsko** zu widmen. Das führt allerdings mit sich, dass man auf schmalspurigen Straßen durch das Gebirge fährt und mitunter auch Gefälle mit 14 Prozent in Kauf nehmen muss. Belohnt wird man dafür mit einer Landschaft, die wenig touristisch erschlossen ist und im We-

Auch Seilbahnfahrten sind im Land möglich.

Zahlreiche kleine Wasserfälle dominieren das Tal Kamniška Bistrica.

sentlichen aus den drei Gletschertälern Robanov kot, Matkov kot und dem Logartal besteht. Letzteres besticht am Ende des Tals mit einem Wasserfall, der ab dem Parkplatz (46.369528, 14.598639) leicht zu erreichen ist. Der **Rinka-Wasserfall** ist zwar nur einer von 20 Wasserfällen allein in dem kleinen Seitental, doch besteht er aus der noch jungen Savinja, die oberhalb des Falls entspringt. Nach etwas mehr als einhundert Kilometern wird die Savinja bei Zidani Most in die Save münden.

Umgeben sind die Täler natürlich wieder von mächtigen Felsmassiven, die hier das nordöstliche Gebiet der Steiner Alpen bilden. Genau genommen sind wir keine fünf Kilometer Luftlinie vom Tal der Kamniška Bistrica entfernt, von wo aus wir einen wunderbaren Blick auf den Grintovec genießen konnten. Nur der 2253 Meter hohe Berg namens Brana erhebt sich dazwischen. Die Nähe dieser beiden Täler spürt man natürlich kaum, schon gar nicht nach einer fast eineinhalbstündigen und teilweise anstrengenden Fahrt einmal um die Ostflanke des Gebirges herum.

Will man die Region Solčavsko nach Nordosten über die Straße 926 verlassen, muss man sich auf eine noch anstrengendere Fahrt einstellen, die allerhöchstens von Fahrern kleiner Campingbusse in Erwägung gezogen werden sollte. Die Fahrt durch diese wildromantische Landschaft verläuft weitgehend auf einer einspurigen Schotterstraße. Daher kehren wir zum Pass Črnivec sedlo zurück oder verzichten von vornherein auf den Abstecher in die drei Täler von Solčavsko.

Weniger spektakulär, aber nicht minder schön ist die Landschaft entlang der Straße 225, die uns durch das kleine Dörfchen **Gornji Grad** bringt. Die überschaubare Ortschaft ist geprägt vom Benediktinerkloster und der dazugehörigen Kathedrale der Heiligen Hermagoras und Fortunatus, die aus dem 15. Jahrhundert stammt.

Ab Gornji Grad haben wir zwei Möglichkeiten, in das Tal der mittlerweile deutlich breiteren Savinja zu gelangen. Der direkte Weg über die Straße 225 bringt uns nach Radmirje, wo wir durch das Tal nach Nazarje fahren, während wir entlang der Straße 697 zunächst noch das wesentlich ruhigere Tal der Dreta kennenlernen. Zu beachten ist, dass die Straße hier ein wenig schmaler und

Gornji Grad
Pass Črnivec sedlo, Abstecher Logarska Dolina 225
18 km
Mozirje

Sehenswerte Kathedrale in Gornji Grad

stellenweise nur einspurig ist. Auf einem der beiden Wege erreichen wir schließlich **Nazarje**, wo beide Flüsse aufeinandertreffen.

An der Mündung der Dreta in die Savinja ragt die beeindruckende Burg Vrbovec auf. Die dreiflügelige Burganlage stammt in ihrer heutigen Form aus dem Ende des 15. Jahrhunderts. Im Zweiten Weltkrieg erlitt sie zwar starke Zerstörungen, wurde aber bis heute wieder weitgehend originalgetreu wiederaufgebaut. Auf der anderen Seite der Dreta erhebt sich auf einem bewaldeten Hügel ein Franziskanerkloster aus dem 17. Jahrhundert, das mit der zweitürmigen Klosterkirche die Stadt überragt. Ansonsten ist Nazarje kaum einen längeren Aufenthalt wert und besteht zu großen Teilen aus Gewerbe- und Industriebetrieben.

Weithin sichtbar: das Kloster von Nazarje

Die Kathedrale in Gornji Grad von außen

MIT DER SEILBAHN AUF DEN GOLTE

Etwas harmonischer und touristisch interessanter wird es in der nächsten Ortschaft, wenn wir dem Lauf der Savinja auf der Straße 225 folgen. Zentral in der Dorfmitte von **Mozirje** steht die aus dem 18. Jahrhundert stammende St. Georgskirche, auf Slowenisch Sveti Jurij.

Nach Durchquerung von Mozirje nehmen wir am großen Kreisverkehr die vierte Ausfahrt und folgen der Beschilderung zum Berg Golte. Nur drei Kilometer sind es auf der Straße 928 nach **Radegunda**, ein noch zu Mozirje gehörendes und höher gelegenes Dorf (46.356417, 14.931528). Dieses ist Ausgangspunkt für unsere drei Kilometer lange Fahrt mit Sloweniens längster Seilbahn – hinauf auf den Berg Golte auf 1500 Meter. Zahlreiche Wanderwege erwarten uns hier mit tollen Ausblicken weit in das Savinja-Tal. Deutlich spürt man aber auch, dass der Berg mit seinen zahlreichen Pisten und dem Sportzentrum im Winter ein beliebtes Skigebiet ist.

Im Sommer lässt sich der Golte übrigens auch mit dem Wohnmobil relativ leicht erreichen. Die rund 13 Kilometer lange und einspurige Asphaltstraße beginnt als Abzweig von der Straße 928 ungefähr auf der Hälfte zwischen Mozirje und Radegunda.

Östlich von Mozirje verlassen wir das Savinja-Tal über die Straße 695 in Richtung Šoštanj und später über die Straße 426 nach Velenje. An einem Kreisverkehr am Ende der Straße begrüßt uns zu unserer Linken erst einmal ein großes Braunkohlekraftwerk, das circa ein Drittel des slowenischen Energiebedarfs deckt.

Bevor wir links abbiegen und das Kraftwerk hinter uns lassen, befassen wir uns kurz mit der größeren Ortschaft **Velenje** auf der rechten Seite. Wer auf dem Weg hierhin gerade eben bei der Durchquerung des Ortes Gorenje an Waschmaschinen dachte, lag nicht verkehrt. Denn in Velenje werden genau die Waschmaschinen produziert, die in deutschen Elektronikmärkten meist als die günstigsten Geräte angepriesen werden. Leider mangelt es der Stadt an nennenswerten Sehenswürdigkeiten. Einzige Ausnahme bildet die kleine Festung auf einem Burghügel gleich neben der Skischanze. Zwar ist das Zentrum der Stadt im Verhältnis zu den bis-

Schloss Eckenstein in Velenje

her bereisten Städten recht groß und lässt an Einkaufsmöglichkeiten kaum etwas vermissen, doch von heimeliger Altstadtatmosphäre kann dank Nachkriegsbauten und großen Wohnblocks keine Rede sein. Vielmehr kann man hier noch einen Hauch von Jugoslawien spüren, wenn man den kahlen Hauptplatz der Stadt betritt. Nicht nur, dass er immer noch nach Tito benannt ist (Titov trg), dem einstigen Machthaber begegnet man hier sogar in Form der weltgrößten Tito-Statue. Optisch ein Hingucker ist jedoch das bereits erwähnte Schloss auf dem Burgberg. Es lässt sich zu Fuß sehr leicht über den kurzen Wanderweg erreichen, der neben der Tourismusinformation in der Vila Bianca beginnt. Alternativ kann man mit dem Wohnmobil auf einer schmalen Allee mit einer Serpentine zu ihm gelangen (46.355417, 15.109833).

Das benachbarte **Šoštanj** ist zwar erheblich kleiner, doch wird es deutlich von dem bereits erwähnten Braunkohlekraftwerk dominiert. Ohnehin gilt es nun zu entscheiden, ob man auf kleinen Straßen nahe der Grenze zu Österreich weiterreisen möchte oder die Fahrt auf der sehr gut ausgebauten Straße 4 bevorzugt.

AUF HISTORISCHEN SPUREN IN DER REGION KOROŠKA

Die längere Strecke auf der Straße 425 verläuft durch die Hügellandschaft von **Koroška**, zu Deutsch Kärnten. Dieses Gebiet gehörte ursprünglich zum sogenannten Kronland Kärnten, also zu Österreich-Ungarn. Nach Ende des Ersten Weltkriegs fiel die Region an das damalige Königreich Jugoslawien. Geprägt ist es vom Tal der Mieß, die sich hier ihren Weg zwischen den bewaldeten Hügelketten bahnt.

Hohe Berge sind hier kaum noch vorhanden. Der höchste Gipfel ist der **Uršlja gora**, also Ursulaberg, der es immerhin auf 1699 Meter schafft. Er gilt als der östlichste Berg der Karawanken und ist relativ leicht zu besteigen. So erreicht man ihn zum Beispiel vom kleinen Gewässer **Ivarčko jezero** (46.506639, 14.968806) an der Nordseite im Rahmen einer zweieinhalbstündigen Wanderung. Und das ist dabei schon eine der längeren Routen. Etwas kürzer ist man auf der Südseite unterwegs. Die Zufahrt zu den Ausgangspunkten zweigt von der Straße 425 ab (46.443417, 14.962056). Mit kleinen

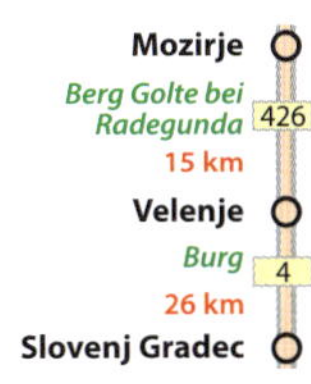

Interessante Bauwerke in Slovenj Gradec

Fahrzeugen, keine Dickschiffe, besteht sogar die Möglichkeit, auf schmalen Schotterstraßen bis zu einem Parkplatz knapp unterhalb des Gipfels hinaufzufahren. Durch die Dominanz des Berges ist der Rundumblick mal wieder absolut sehenswert.

Ansonsten umrundet man diesen letzten Karawankengipfel mehr oder weniger durch das Tal der Mieß. Dabei fährt man durch kleine, unaufgeregte Ortschaften wie **Črna na Koroškem** und passiert beinahe unscheinbare Denkmäler, die jedoch an bedeutende historische Ereignisse erinnern. »Spomenik svobodi in miru« ist so ein Denkmal. Es befindet sich kurz vor dem Weiler **Poljana** (46.545083, 14.869583) und erinnert an die gleichnamige Schlacht von Poljana. Die letzte größere Ortschaft **Prevalje** folgt gleich im Anschluss, ist aber schnell durchquert und so folgt man der Mieß bis zur ihrer Mündung in die Drau bei **Dravograd**.

ALTERNATIVSTRECKE ENTLANG DER PAKA

Wer sich in Velenje für die kürzere Fahrt auf der Straße 4 entscheidet, folgt dabei dem kleinen Fluss Paka. Stellenweise ist das Tal so schmal, dass nur Platz für das Gewässer und die Straße ist. Besonders schön präsentiert sich das kleine Landschaftsschutzgebiet **Huda luknja**. Das Wohnmobil sollte man kurz zuvor am rechten Fahrbahnrand abstellen (46.411667, 15.177611) und die 400 Meter auf der gegenüberliegenden Straßenseite über die schmale Straße zurücklegen. Am Ende gelangt man zu einer kleinen, aber schönen

SPECIAL

DIE SCHLACHT VON POLJANA

Die Schlacht von Poljana war der letzte kriegerische Akt im Zweiten Weltkrieg auf europäischem Boden und fand wenige Tage nach der Kapitulation Nazi-Deutschlands statt. Jugoslawische Partisanen der Volksbefreiungsarmee standen letzten Überresten der Wehrmacht, der montenegrinischen Volksarmee, Streitkräften des Unabhängigen Kroatiens sowie der Slowenischen Heimwehr gegenüber. An der Šurnik-Farm trafen sie aufeinander und die Achsenmächte verlangten freie Durchfahrt in Richtung Westen, was abgelehnt wurde. Daraufhin begannen am Morgen des 14. Mai die Kämpfe, die bis zum nächsten Tag andauerten. Rund 450 Soldaten starben auf beiden Seiten. Erst das Eintreffen von 20 britischen Panzern beendete die Schlacht von Poljana.

Slovenj Gradec
Altstadt
13 km
Dravograd
Ziel

Kapelle gleich neben der Kirche

Karsthöhle, aus der sanft das Wasser eines Baches plätschert und unterhalb einer alten Steinbogenbrücke in die Paka mündet. Für eine umfangreichere Höhlenbesichtigung kann man sich an die Tourismusinformation in Velenje wenden, die Höhlenführer vermitteln. Bisher hat man über zwei Kilometer der Höhle erforscht, die bereits Ende des 19. Jahrhunderts für Besucher öffentlich zugänglich gemacht wurde.

Wenig später weitet sich das Tal, die Hügel werden immer sanfter, doch der nächstgrößere Ort **Mislinja** beherbergt immer noch mehrere Skischanzen und zählt zu den modernen Skisprungstätten des Landes. Aus touristischer Sicht ist Mislinja eher unbedeutend, weshalb die Fahrt an zahlreichen kleinen Weilern vorbeiführt, bis schließlich das nette Städtchen **Slovenj Gradec** erreicht ist. Eine gute Ausgangsmöglichkeit, um den Ort zu erkunden, hat man vom Stellplatz am Hostel im Nordwesten der Stadt. Von dort spaziert man zu Fuß entlang eines Bachs nur wenige Hundert Meter in die Altstadt, in die man mit dem Pkw nur gegen eine Gebühr fahren dürfte.

Der Stadtkern lässt sich gut zu Fuß erkunden und bietet neben zahlreichen Geschäften einige Cafés und Lokale, in denen man auch angenehm draußen sitzen und verweilen kann. Im Mittelpunkt steht die Elisabethkirche, die sich mit einer schmucken barocken Innenausstattung präsentiert. Ungewöhnlich ist, dass sich gleich nebenan eine weitere Kapelle befindet. Das kleinere gotische Bauwerk wurde in der zweiten Hälfte des 15. Jahrhunderts errichtet.

Zu einer Zeit, als Slovenj Gradec noch zu Österreich-Ungarn gehörte und den Namen Windischgrätz trug, kamen zwei bedeutende Künstler in der Stadt zur Welt: der Komponist Hugo Wolf (1860–1903) und der Dichter Ernst Goll (1887–1912). Das Geburtshaus von Hugo Wolf befindet sich zu Beginn der Cankarjeva ulica, der Hauptstraße, die sich durch die Altstadt zieht. Heute befinden sich in dem kleinen Gebäude ein Museum und eine Musikschule.

Wenige Kilometer sind es bis **Dravograd** auf der zweispurigen Landstraße.

Auch mit dem Rad lässt sich die Region gut erkunden.

PRAKTISCHE HINWEISE

TOURISTENINFORMATIONEN

TIC Radovljica
Linhartov trg 9, 4240 Radovljica,
Tel. +386 4 5315112

Turistično promocijski in informacijski center (TPIC)
Trg svobode 18, 4290 Tržič,
Tel. +386 4 5971536

TIC Kranj
Glavni trg 2, 4000 Kranj,
Tel. +386 4 2380450

TIC Kamnik
Glavni trg 2, 1241 Kamnik,
Tel. +386 1 8318250

TIC Logarska dolina
Logarska dolina 9, 3335 Solčava,
Tel. +386 3 8389004

TIC Gornji Grad
Attemsov trg 2, 3342 Gornji Grad,
Tel. +386 3 8391850

TIC Velenje
Vila Bianca, Stari trg 3, 3320 Velenje,
Tel. +386 3 8961715

TIC Ravne na Koroškem
Partizanska ulica 3, 2390 Ravne na Koroškem, Tel. +386 2 8221219

TIC Slovenj Gradec
Glavni trg 24, 2380 Slovenj Gradec,
Tel. +386 2 8812116

STELLPLÄTZE

S200 **Wohnmobilstellplatz Tržič**
(S. 176/B3) Gorenjska Plaza,
Cesta Ste Marie aux Mines, 4290 Tržič
GPS-Daten: 46.354528, 14.294389

WC-Wash-Schilder sieht man häufig im Land.

Stellplatz mit Ausblick auf Kranj

Oberhalb eines beliebten und modernen Freibads und in unmittelbarer Nähe zur Abfahrt der Europastraße 652 südlich von Tržič. Sechs Stellplätze mit Strom und Frischwasser.

S 201 **Wohnmobilstellplatz Kovor (Tržič)** (S. 176/A4)
Glavna cesta 20–16, 4290 Tržič
GPS-Daten: 46.340083, 14.282111
Kleiner Parkplatz an einer Feuerwache, an der übernachtet werden darf. Strom und Wasser vorhanden.

S 202 **Wohnmobilstellplatz Kranj**
(S. 176/B5) Gregorčičeva ulica 8, 4000 Kranj
GPS-Daten: 46.243000, 14.357944
Einfacher Stellplatz für sechs Fahrzeuge in Altstadtnähe. Wasser und Strom vorhanden, sonst jedoch eher nur für eine kurze Übernachtung.

S 203 **Wohnmobilstellplatz Lukovica**
(S. 177/E6) Ulica Jelke Komotarjeve, 1225 Lukovica
GPS-Daten: 46.170250, 14.692500
Zwischen Arboretum und geografischem Mittelpunkt gelegener Parkplatz für fünf Mobile. Kostenlose Übernachtung, Einkehr in angrenzender Pizzeria obligatorisch. WC und Wi-Fi vorhanden.

S 204 **Wohnmobilstellplatz Kamnik**
(S. 177/F5) Snovik 7, 1219 Laze v Tuhinju
GPS-Daten: 46.226583, 14.704306
Nicht direkt in Kamnik, sondern rund sieben Kilometer weiter östlich über die Straße 414 bis Potok zu erreichen. In Potok links der Beschilderung zur Terme/Therme folgen. Übernachtungsmöglichkeit auf dem

Ruhiger Campingplatz in Kamnik

Auch das ist ein Stellplatz, hier bei Kamnik.

dortigen Parkplatz gleich neben dem Freibad in einem ruhigen Seitental.

S 205 Wohnmobilstellplatz Gornji Grad (S. 177/G4) Novo naselje 1, 3342 Gornji Grad
GPS-Daten: 46.369750, 14.117750
Einfacher Übernachtungsplatz in kleiner Straße am Rathaus, nicht weit vom Kloster entfernt.

S 206 Wohnmobilstellplatz Slovenj Gradec (S. 170/A6, 178/A1)
Ozare 18, 2380 Slovenj Gradec
GPS-Daten: 46.514167, 15.076639
Kleiner Stellplatz für vier Mobile hinter einem Hostel. Idealer Platz, um an einem kleinen Fluss wenige Hundert Meter in das Stadtzentrum gehen zu können.

CAMPINGPLÄTZE

C 207 Camping Šobec (S. 175/H3)
Šobčeva cesta 25, 4248 Lesce,
Tel. +386 4 5353700, www.sobec.si
GPS-Daten: 46.355694, 14.150556
Großer moderner Campingplatz mit viel Baumbestand in einer Schleife der Save. Restaurant und ein kleiner See sowie zahlreiche Freizeitmöglichkeiten befinden sich direkt am Platz.

C 208 Kamp Podljubelj, TEWIT (S. 176/A3)
Zvirče 91, 4290 Tržič,
Tel. +386 40 554436,
www.camp-podljubelj.com
GPS-Daten: 46.399278, 14.281083
Ruhig gelegener Campingplatz im Tal auf dem Weg zum Loiblpass, große Rasenflächen und Sportgelegenheiten.

C 209 Piknik Center »Pri Jurju« (S. 176/D4)
Kamniška Bistrica 5, 1242 Stahovica,
Tel. +386 1 8325547, https://ipc.business.site
GPS-Daten: 46.326361, 14.587694
Kleines Freizeitzentrum am Ende des Tals mit angrenzender Zeltwiese, auf der auch das Übernachten mit dem Wohnmobil erlaubt ist.

C 210 Kamp jezero (S. 178/A3)
Cesta Simona Blatnika 27, 3320 Velenje,
Tel. +386 3 1455977, www.camp-jezero.si
GPS-Daten: 46.369306, 15.086639
Großer Campingplatz mit viel Rasenfläche am Südufer des Velenjsko jezero.

Eine ruhige Übernachtung verspricht der Platz am Hostel in Slovenj Gradec.

3 MARBURG ZWISCHEN DRAU UND MUR

Von Dravograd über Maribor nach Murska Sobota

Durch das Tal der Drau verläuft die Fahrt kurvenreich und dennoch entspannt. Möglichkeiten zum Wandern im Bachergebirge, Pohorje genannt, gibt es reichlich auf unserem Weg ostwärts in Richtung Maribor. Anschließend lädt die Europäische Kulturhauptstadt des Jahres 2012 zu einem längeren Aufenthalt ein. Sehenswert ist auch die Hügellandschaft im Norden von Maribor, die herrliche Ausblicke auf das Tal der Drau ermöglicht. Weiter östlich stoßen wir auf die Mur, wenn wir an der slowenisch-österreichischen Grenze die Burg oberhalb von Gornja Radgona besichtigen. Burgen und Grenzgebiete bieten auch Abstecher nördlich von Murska Sobota: Bei Goričko besuchen wir das größte Barockschloss des Landes und weiter nördlich das Dreiländereck zwischen Slowenien, Österreich und Ungarn.

Auch Hopfenanbau ist in Slowenien anzutreffen.

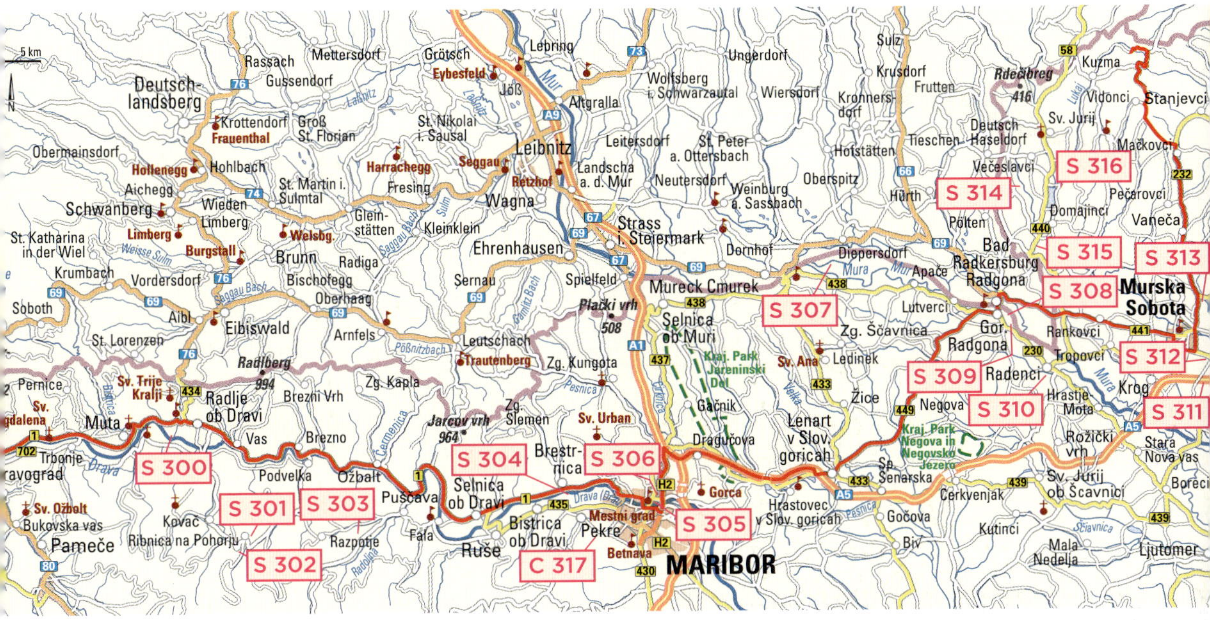

Bei Dravograd sind wir wieder sehr nah an der österreichisch-slowenischen Grenze unterwegs. Wer sich nicht für das Wandern und die Berge in den ersten beiden Etappenvorschlägen begeistern kann oder sich keine Passfahrten zutraut, der kann ab Klagenfurt sehr bequem über die österreichische Landesstraße 80 durch das Tal der Drau nach Slowenien gelangen und in Slowenien über die Straße 1 weiter in diese erste größere Stadt fahren. Dennoch ist **Dravograd** recht überschaubar. Die Hauptstraße verläuft an den kleinen, farbenprächtigen Häusern im Zentrum vorbei und wird von mehreren Geschäften und Gastbetrieben gesäumt. Klassische Sehenswürdigkeiten sucht man jedoch leider vergebens. Erwähnenswert sind auf jeden Fall die St. Johannkirche gleich am westlichen Ortseingang und wenig später auf der gegenüberliegenden Straßenseite die romanische St. Vituskirche aus dem 12. Jahrhundert. Auf einem bewaldeten Hügel am nördlichen Ortsrand kann man zu Fuß die Ruine der einstigen Stari Grad (Burg) erreichen. Sie ist alles andere als groß, bietet aber einen schönen Blick in das Drau-Tal.

Die Weiterfahrt verläuft ostwärts und gemütlich durch das idyllische Drau-Tal, das von bewaldeten Hängen zu beiden Seiten des Flusses geprägt ist. Auf der gut ausgebauten Straße passieren wir kleine unscheinbare Siedlungen, die gelegentlich von Hopfenfeldern unterbrochen werden. Bei dem hiesigen Hopfen hat sich Slowenien das EU-Patent für die Bezeichnung »Štajerski hmelj« gesichert, was so viel heißt wie »stei-

ROUTE 3

START- UND ENDPUNKT
Dravograd und Murska Sobota

STRECKEN
überwiegend Landstraßen

STRECKENLÄNGE
ca. 120 Kilometer

FAHRZEIT
2 bis 3 Tage

BESTE JAHRESZEIT
Mai bis Oktober

SPECIAL

DER FLUSS DRAU

Die Drau nimmt ihren Anfang in Südtirol, genauer gesagt in Innichen nahe der Grenze zu Österreich. Dorthin fließt sie auch gleich als Erstes und lässt Italien schon nach sechs Kilometern hinter sich. Das sind weniger als ein Prozent ihrer Gesamtlänge von immerhin 749 Kilometern. Nachdem sie den Süden Österreichs und den Nordosten Sloweniens durchquert hat, wird sie zum Grenzfluss zwischen Kroatien und Ungarn. Kurz vor der Grenze zu Serbien mündet sie schließlich als viertlängster Zufluss in die Donau. Auf slowenischem Gebiet wird das Wasser der Drau gleich an acht Standorten zur Stromerzeugung genutzt.

Landschaftlich schön ist auch das Drau-Tal.

Die Drau bei Dravograd

rischer Hopfen«. Brauereien in der österreichischen Steiermark dürfen daher nur noch mit dem Hinweis »Hopfen aus der Steiermark« werben, aber eben nicht mit steirischem Hopfen.

ENTLANG DER DRAU DURCH KLEINE DÖRFER

Bei **Spodnja Muta** mündet der kleine Fluss Bistrica in die Drau. Auf der Straße 703 kann man in das Bistrica-Tal bis kurz vor die österreichische Grenze hineinfahren. Der Übergang ins Nachbarland lässt sich jedoch nur im Rahmen einer kleinen Wanderung zwischen sanften, bewaldeten Hügeln bewerkstelligen. Etwas anders ist es bei der Straße 434, die weiter östlich bei Radlje ob Dravi abzweigt. Von hier gelangt man nach Eibiswald zwischen Klagenfurt und Graz. Doch abgesehen von einigen Wandermöglichkeiten in den umliegenden Wäldern lohnt sich dieser Abstecher auf den 662 Meter hohen Radlpass eher nicht.

Die Stadt selbst präsentiert sich wiederum mit einigen Einkaufsmöglichkeiten rund um die zentral gelegene Kirche. Etwas außerhalb und in der Nähe des Drau-Ufers lädt **Radlje ob Dravi** mit einem Wohnmobilstellplatz gegenüber einem Freibad ein. Hier merkt man deutlich, dass sich das Drau-Tal zumindest vorläufig geweitet hat. Doch sobald man wieder dem Flusslauf folgt und die Stadt hinter sich lässt, wird auch das Tal wieder schmaler und wirkt gemütlicher.

Stellenweise windet sich der Fluss durch die malerische grüne Landschaft und wir tun es ihm gleich, da die Straße lange Zeit unmittelbar neben dem nördlichen Ufer ver-

Eine Szenetreff ist Maribor.

läuft. Mehrere kleine Ortschaften werden dabei durchquert und immer wieder sehen wir auf der rechten Seite die bereits erwähnten Stauwehre, mit denen ein Teil des slowenischen Energiebedarfs geweckt wird.

VOM BACHERGEBIRGE INS URBANE LEBEN

Die kleineren Gipfel, die sich bereits seit Dravograd auf der Südseite der Drau erheben, gehören zum Bachergebirge (slowenisch: Pohorje). Mit Höhen bis zu 1543 Metern zählt es immer noch zu den Zentralalpen, doch alpine Wanderungen kann man hier nicht durchführen. Vielmehr wirkt Pohorje wie eine sanfte Hügellandschaft, teils bewaldet, teils mit weiten Weiden versehen. Die dichten Wälder werden gern von Pilzsammlern aufgesucht, die hier zahlreiche Speisepilze finden können.

Grundsätzlich ist das Bachergebirge sehr dünn besiedelt. Als einzige Nord-Süd-Verbindung durchquert die lediglich geschotterte Straße 701 das Pohorje ab **Lovrenc na Pohorju**. Der Asphalt endet gleich hinter dem südlichen Ortsausgang. Vor allen Dingen ist das Gebirge aber besonders an den Südhanglagen als Wintersportregion äußerst beliebt.

Das Tal der Drau weitet sich ab **Janževa Gora** und der Fluss beschreibt eine letzte deutliche Kurve, bevor es nun langsam auf die Stadt Maribor zugeht. Deutlich ist zu spüren, dass wir uns der zweitgrößten Stadt Sloweniens nähern. Mehrere kleine Ortschaften erstrecken sich rechts und links des Flusses und breiten sich mit Gewerbeansiedlungen, aber auch mit Wohnbebauung aus. Bleibt man am nördlichen Ufer auf der Straße 1, so passiert man zuvor noch das alte Herrenhaus Dvorec Viltuš. Dieser architektonisch vielfältige Viltus-Palast stammt aus dem späten 19. Jahrhundert und wäre eine wahre Schönheit, insbesondere mit dem englischen Garten, der ihn normalerweise umgeben würde. Doch leider ist das grundsätzlich sehenswerte Gebäude verlassen und offensichtlich dem Verfall preisgegeben.

Kurz darauf steuern wir unser Wohnmobil nach **Maribor** hinein. Was nach Metropole klingt, wenn man von der zweitgrößten Stadt des Landes spricht, entpuppt sich als gemütliches und sehenswertes Städtchen. Die Einwohnerzahl von etwas mehr als

Maribors Altstadt bietet auch moderne Bauten.

100 000 Bewohnern ist vergleichbar mit der Größe von Trier, Jena oder Erlangen.

Maribor zeigt sich reisemobilfreundlich. Neben zwei etwas außerhalb gelegenen Campingplätzen bietet die Stadt zwei dicht beieinanderliegende Übernachtungsplätze im Zentrum. Wer sein Wohnmobil jedoch nicht direkt am Hauptbahnhof (46.563194, 15.658250) oder Busbahnhof (46.559833, 15.656472) abstellen möchte, findet gewöhnliche Parkplätze besonders östlich des Bahnhofs.

Das heutige Maribor gedeiht. Das war nicht immer so: Nach der Unabhängigkeit Sloweniens brach Maribor der wirtschaftlich wichtige jugoslawische Binnenmarkt weg und viele Einwohner wanderten aufgrund hoher Arbeitslosigkeit ab. Durch den Beitritt

SPECIAL

MARIBOR UNTER RUDOLF MAISTER

Eine Markburg gab im 12. Jahrhundert der Stadt ihren Namen, und auf Deutsch wird Maribor noch heute oft Marburg an der Drau genannt. Bis 1918 gehörte die Stadt zum Herzogtum Steiermark und damit zur K.-u.-k.-Monarchie. Damals waren vier von fünf Einwohnern deutschsprachig. Als sich die Monarchie auflöste und sich nördlich von Maribor der kurzzeitig bestehende Staat Deutschösterreich gründete, wünschte Marburgs Stadtrat, dass die Stadt zu Deutschösterreich gehören sollte. Im Januar 1919 wurde eine US-amerikanische Delegation erwartet, die sich die ethnische Situation Marburgs vor Augen führen wollte. Ein Großteil der deutschen Bevölkerung demonstrierte daraufhin vor dem Rathaus für den Beitritt zu Deutschösterreich. Offizier Rudolf Maister, Anführer slowenischer Besatzertruppen, ließ die Versammlung blutig niederschlagen. Es gab 13 Tote und viele Schwerverletzte. Doch als die Delegation eintraf, waren keine Spuren der Gewaltaktion mehr zu sehen und der Zugehörigkeitswunsch der deutschsprachigen Bevölkerung blieb unbemerkt. Marburg wurde slowenisiert und ohne Volksabstimmung dem Königreich Jugoslawien zugeschlagen. Aus slowenischer Sicht gilt Rudolf Maister als einer der Staatsväter, dem das Land die heutige Nordgrenze zu verdanken hat.

Sloweniens zur Europäischen Union in Verbindung mit der späteren Euro-Einführung und dem Schengener Abkommen konnte sich die wirtschaftliche Lage Maribors erholten. Gleichzeitig wurde Maribor mit der Ernennung zur Europäischen Kulturhauptstadt 2012 auf kultureller Ebene gewürdigt. Für diese Entscheidung mitverantwortlich sind die zahlreichen kulturellen Veranstaltungen in der Stadt, etwa das Lent-Festival im Juni mit seinen unzähligen Kleinkunstveranstaltungen oder der sogenannte Musikseptember. Allein diese beiden Veranstaltungen dauern jeweils zwei Wochen an.

Mit dazu beigetragen haben dürfte auch das Kulturzentrum **Pekarna** südlich der Drau. Aufmerksame Reisende dürften schon längst festgestellt haben, dass der Begriff Pekarna eigentlich für Bäckerei steht. Insofern ist der Name auch richtig, denn einst stellte man dort Zwieback her, mit dem bereits in der K.-u.-k.-Monarchie und auch im späteren Jugoslawien die umliegenden Kasernen versorgt wurden. Linksautonome besetzten nach dem Zerfall Jugoslawiens die nicht mehr benötigten Gebäude und schufen im Laufe der Jahre das heutige Kulturzentrum.

IN DER ALTSTADT MARIBORS

Die eigentlichen Sehenswürdigkeiten der Stadt befinden sich am Nordufer der Drau. Die Brücke Glavni most führt auf einen Kreisverkehr zu, der den Ausgangspunkt für einen Rundgang durch die Fußgängerzone Maribors markiert. Die Altstadt erstreckt sich ab dem Drauufer durch zahlreiche verwinkelte Straßenzüge und Gassen bis zum Mestni park, dem Stadtpark im Norden.

Anton Martin Slomšek Monument in Maribor

Ausdrücklich nur für Wohnmobile

Malerischer Platz vor dem Rathaus

Am Kreisverkehr breitet sich außerdem der **Glavni trg** als weiter Platz aus. Neben einigen schönen Bürgerhäusern fällt insbesondere das zentral gelegene Rathaus mit seinem Uhrenturm ins Auge. Das spätgotische Gebäude wurde im Jahr 1515 errichtet und noch im gleichen Jahrhundert im Stil der italienischen Renaissance umgebaut. In dem Zusammenhang entstand auch der Balkon, auf dem die Flaggen der EU, Sloweniens und der Stadt Maribor wehen.

Der Rathausturm sitzt nicht zentral.

Wer die Fassade des Rathauses genau betrachtet, wird feststellen, dass der Turm nicht exakt synchron über dem Portal erbaut wurde. Der Legende nach erhielt der Baumeister zu wenig Gold für den Bau des Rathauses, weswegen er aus Rache den Turm leicht versetzt plante. Im Inneren präsentiert sich das Rathaus mit einem sehenswerten Barocksaal inklusive Stuckdecke, der heute zu für besondere Anlässe und Hochzeiten genutzt wird.

Der Durchgang unterhalb des Rathausturms bringt uns zum Rathausplatz, dem **Rotovški trg**. Er ist komplett von Gebäuden umgeben und kann nur durch dieses Tor erreicht werden. Die schönen Laubengänge rund um den gemütlichen Platz gehören zu einem Restaurant, einem Puppentheater und zur Bibliothek von Maribor. Einst befand sich hier der Stall, der zum Rathaus gehörte –

sozusagen der Fuhrpark der Stadtverwaltung –, aber auch ein kleiner Marktplatz, auf dem die Landwirte der Umgebung ihr Mehl und Heu verkauften. Daher wurde der Platz früher als Mehlplatz bezeichnet. Doch der Hof war nicht immer so idyllisch, wie er sich heute gibt und wie es sich liest: Früher fanden hier auch Hinrichtungen statt.

Unmittelbar vor dem Rathaus erhebt sich eine Pestsäule, wie sie in vielen Städten aufgestellt wurde, um an die schreckliche Zeit der Pest zu erinnern bzw. aus Dankbarkeit, dass ebendiese Zeit vorüber ist. Die Pest- bzw. Mariensäule in Maribor stammt aus dem 18. Jahrhundert und ersetzte eine Säule, die bereits 1681 errichtet wurde. Rund um die Säule mit der Marienfigur als Krönung stehen sechs Heilige, die ihre Fürbitte sprechen.

Am Ende des Platzes auf der südlichen Straßenseite bemerkt man gleich die leicht zurückgesetzte Aloisiuskirche. Sie wurde Ende des 18. Jahrhunderts im spätbarocken Stil vom slowenischen Architekten Johannes Fuchs erbaut. Auffällig ist der Rokoko-Zaun, der den kleinen Kirchhof von der Straße abtrennt. Im Inneren des Gotteshauses sind drei Altarbilder zu sehen, die jeweils eine Heiligenfigur und das Panorama einer steirischen Stadt zeigen. In den Seitenaltären sind das der heilige Viktorin mit der Stadtansicht von Ptuj und der heilige Maximilian mit dem Panorama der Stadt Celje. Der Hauptaltar wird mit dem heiligen Andreas geschmückt und der Ansicht von Maribor.

Postgebäude im Stil der Neorenaissance

Fußgängerzone in Maribors Altstadt

Eindrucksvolle Franziskanerkirche

DURCH SCHMALE GASSEN ZUR KATHEDRALE

Gegenüber der Kirche zweigt die Poštna ulica ab. Die kurze Fußgängerzone mit ihren Einkehrmöglichkeiten endet schon nach 100 Metern am **Slomškov trg**. Benannt wurde der Platz nach dem Bischof Anton Martin Slomšek, der im 19. Jahrhundert den Bischofssitz nach Maribor verlegte. Zu dem Zeitpunkt wurde aus dem damaligen Kirchenplatz der Domplatz. Über ein halbes Jahrhundert nach seinem Tod hat man Slomšek zu Ehren den Platz erneut umbenannt. Mitten auf dem Platz, unter dem Schatten der Bäume, befindet sich eine Skulptur, die den sitzenden Bischof zeigt.

Im östlichen Teil des Platzes erhebt sich die mächtige **Domkirche**. Sie wurde als romanische Kirche im 12. Jahrhundert erbaut, wurde aber natürlich im Laufe der Jahrhunderte mehrfach restauriert, erweitert und umgebaut. Heute zeigt sie sich im gotischen Stil mit einem Chor aus dem 14. und einem Kirchenschiff aus dem 15. Jahrhundert. Der 57 Meter hohe Kirchturm ist sogar deutlich jünger und stammt aus dem 18. Jahrhundert. In den ursprünglichen Turm aus dem Jahr 1623, der übrigens fast 20 Meter höher war, schlug der Blitz ein und zerstörte ihn vollständig. Nicht entgehen lassen sollte man sich den Aufstieg auf den Turm, der einen tollen Rundblick über Maribor ermöglicht. Eine weitere Statue, die den Bischof zeigt, befindet sich im Chor der Kirche. Sein Grab befindet sich seit 1996 in der barocken Kreuzkapelle. Im selben Jahr besuchte Papst Johannes Paul II. zum ersten Mal Slowenien. Bei seinem zweiten Aufenthalt in dem Land, drei Jahre später, wurde der Bischof seliggesprochen.

Vor der Domkathedrale breitet sich eine kleine Grünanlage mit einem Springbrunnen aus. Schon vom Kirchturm aus konnte man gleich dahinter die prächtige Fassade der einstigen Stadtsparkasse sehen. Heute beherbergt das Gebäude das Rektorat der Universität. An der Nordseite des Platzes steht das Theaterhaus, in dem das ganze Jahr hindurch zahlreiche Dramen, Opern und Konzerte aufgeführt werden. Südlich der Kathed-

Rudolf Maister-Skulptur

rale, von wo aus wir den Platz betreten haben, befindet sich die Hauptpost in einem Gebäude der Neorenaissance aus dem Ende des 19. Jahrhunderts.

ZUR BURG DER STADT

Folgt man in der nordöstlichen Ecke des Platzes der Ulica 10. oktobra, erreicht man nach wenigen Schritten die Gosposka ulica. Sie beherbergt zahlreiche Geschäfte und Einkehrmöglichkeiten. Nach rechts gelangt man über die Straße wieder zum Glavni trg, während man nach links zur Slovenska ulica flaniert. In der quirligen Gasse rechts abgebogen, erreicht man wenig später einen weiteren Platz, auf dem reges Treiben in der Altstadt herrscht. Der dreieckige **Grajski trg** ist ebenfalls von historischen Bauten umgeben und beherbergt in seiner Mitte eine Säule mit dem heiligen Florian, der die Stadt vor einer Feuersbrunst bewahren soll. Mehrere Cafés und Restaurants laden hier zur Einkehr ein und bieten die Möglichkeit, gemütlich in der Mittagssonne zu speisen.

An der Nordseite des Platzes erhebt sich die **Stadtburg**, erbaut von Kaiser Friedrich III. in der zweiten Hälfte des 15. Jahrhunderts, um den damaligen Bereich der Stadtmauer zu befestigen. Erst im Laufe der Zeit wurde die

Der Bahnhof von Maribor ist deutlich zu erkennen.

Viele Grünanlagen prägen die Stadt.

Burg so umgestaltet, dass man auch herrschaftlich drin wohnen konnte. So ist die Lorettokapelle an der Südseite erst im 17. Jahrhundert hinzugekommen. Das barocke Treppenhaus folgte sogar noch später. Heute ist in der Burg das Regionalmuseum der Stadt untergebracht. Es zeigt archäologische Kunstgegenstände und befasst sich mit der Ethnologie und Kultur der Stadt und ihrer Umgebung.

Auf der Ostseite der Burg breitet sich der **Svobode trg** aus, auf dem sofort eine Bronzeskulptur ins Auge fällt. Die Einwohner Maribors nennen sie aufgrund ihrer Form, die an einen Glatzkopf erinnert, liebevoll Kojak. Dabei hat sie einen weitaus traurigeren Anlass. In die Skulptur wurden die Namen derer eingraviert, die als Aufständische im Zweiten Weltkrieg hingerichtet wurden.

Herrn Potocnik begegnen wir auch später noch.

Gleich im Norden des Platzes schließt sich der Platz **Trg generala Maistra** als Grünfläche an und bildet fast schon den Übergang von der Altstadt in den Mestni park. Linker Hand sieht man das ebenfalls im Stil der Neorenaissance errichtete Bauwerk des sogenannten Ersten Gymnasiums. Auf dem Platz selbst steht eine Skulptur des Generals, der verantwortlich war für die blutige Niederschlagung der deutschsprachigen Demonstrantion im Jahr 1919.

GRÜNANLAGEN MIT AUSSICHT

Wer dem innerstädtischen Trubel entfliehen möchte, der folgt der Straße weiter nördlich und erreicht wenig später den **Stadtpark**. Er wurde bereits in der zweiten Hälfte des 19. Jahrhunderts angelegt und beherbergt mehrere Teiche und zahlreiche Wege, auf

Am Nordrand von Maribor erhebt sich der Kalvarienberg.

denen man diese grüne Lunge der Stadt erleben kann. Von hier aus ist es auch nicht mehr weit bis zum Pyramidenberg und zum Kalvarienhügel. Beide liegen deutlich höher, bieten dadurch aber fantastische Ausblicke auf die Stadt und sind über die schönen Wanderwege zwischen den zahlreichen Weinreben zu erreichen.

Auf dem Pyramidenhügel stand einst eine Burg, die im 12. Jahrhundert zum Schutz vor den Ungarn errichtet wurde. Vermutlich war sie Namensgeber für die Stadt Maribor. Ende des 18. Jahrhunderts schleifte man die Burg und nur die Grundmauern sind verblieben. Nicht minder schön ist die Aussicht vom weiter westlich gelegenen Kalvarienberg, auf dem sich die kleine Barbarakirche befindet. Auf dem Weg durch die Weinberge vom Stadtzentrum hinauf zur Kirche passiert man weitere kleine Kapellen.

Zurück am Stadtpark hat man an seinem südlichen Ende die Möglichkeit, das Museum der nationalen Befreiung zu besichtigen. Es befasst sich mit den Geschehnissen des Zweiten Weltkriegs inklusive der Besetzung der Stadt durch die Nationalsozialisten sowie mit den Isonzoschlachten im Bereich des Triglav-Gebirges. An der Burg vorbei passiert man den Chor der aus roten Ziegelsteinen errichteten Franziskanerkirche.

Durch die moderne Fußgängerzone erreicht man den **Platz Leon Štukelj**, der im Jahr 2011 komplett restauriert wurde und zu den größten innerstädtischen Plätzen Sloweniens zählt. Er dient oft als Veranstaltungsort für Konzerte und andere kulturelle Aufführungen. Dann leuchten die rechteckigen Lampen, die über dem Platz zu schweben scheinen, entsprechend farbenprächtig.

Man sollte den Platz durch die kleine Gasse nach Westen hin verlassen, um zur Vetrinjska ulica zu gelangen. Sie verläuft von Nord nach Süd und war einst eine wichtige Handelsstraße zwischen dem Mittelmeer und den Städten im heutigen Österreich. Auch heute ist sie noch eine lebendige Straße mit zahlreichen Geschäften und einigen Straßencafés.

Wenn man ihr südwärts in Richtung Drauufer folgt, erhebt sich wenig später auf der linken Seite mit der Hausnummer 16 das sogenannte Schloss **Salzburški dvor**. Es stammt aus dem 17. Jahrhundert und ersetzt ein älteres Schloss an selber Stelle. Rund um

Maribors Sehenswürdigkeiten sind gut ausgeschildert.

die Fenster in der ersten Etage ist es mit zahlreichen Ornamenten geschmückt. Seinen Namen erhielt das heute beinahe unauffällige Gebäude durch das Salzburger Erzbistum, das hier seine Besitztümer in der Stadt verwaltete. Später diente es als Treffpunkt für die Besserbetuchten und war unter anderem Sitz des deutschen Lesevereins.

AM UFER DER DRAU: DER STADTTEIL LENT

Am Ende der Straße erreicht man die Hauptstraße, die rechter Hand in den Glavni trg mündet. Südlich davon geht es zum Ufer der Drau hinab. Dabei durchquert man den ältesten Stadtteil Maribors. **Lent** breitet sich am nördlichen Ufer des Flusses aus und besteht aus zahlreichen kleinen Gassen. Ihre Namen erinnern an die Handwerker, die hier in früheren Zeiten ihre Dienste anboten. Der östliche Bereich galt als das sogenannte Judengetto. Jüdische Geschäftsleute siedelten sich hier bereits im 13. Jahrhundert an. Das Gebäude der **Synagoge** dient heute als kulturelles Zentrum und erinnert an das jüdische Leben Maribors. Gleich daneben erhebt sich der Judenturm aus dem 15. Jahrhundert, der heute als Ausstellungsort für Fotoausstellungen genutzt wird. Zwischen Turm und Synagoge hat man einen schönen Blick auf die Drau und auf das gegenüberliegende Ufer mit dem südlichen Teil Maribors.

Unterhalb der Synagoge verläuft die **Usnjarska ulica** (Lederergasse). Hier waren bis zum 19. Jahrhundert zahlreiche Lederwerkstätten angesiedelt, die das Lederhandwerk zu einer der führendsten Gewerbearten der Stadt machten. Heute ist von dem Handwerk nichts mehr geblieben, doch aus der Zeit stammt noch der mächtige Wasserturm, der direkt am Draufer emporragt. Sein Äußeres erinnert weniger an einen Wasserturm als an einen Wehrturm. Und das war er auch, denn er wurde als Teil der Stadtbefestigung erbaut und diente als Beobachtungsturm, um türkische Angriffe auf die Stadt, die vom Fluss aus zu erwarten warten, frühzeitig zu erkennen und abwehren zu können.

Unter der Stari most, der Alten Brücke hindurch, gelangt man in den westlichen Bereich von Lent. Hier flaniert man entweder am Drau-Ufer oder kehrt in einem der Straßencafés ein.

Sie gilt als die älteste Weinrebe der Welt.

Folgt man der Uferstraße noch ein kurzes Stück westwärts, erhebt sich wenig später auf der rechten Seite der Sodni stolp, ein Rundturm aus dem 14. Jahrhundert. Seine heutige Form erhielt er jedoch erst im 18. Jahrhundert. Auch er diente als Wehrturm zur Befestigung der Stadt, wurde jedoch ebenso für Hexenprozesse genutzt. In unmittelbarer Nachbarschaft befindet sich der beliebte Bauernmarkt. Gleichzeitig sieht man am Turm eine schmale Brücke für Fußgänger und Radfahrer, die sich über die Drau spannt. Wer den Fluss ohne Autoverkehr überqueren möchte, kann dies dort in ruhiger und malerischer Lage tun.

UNTERHALTUNG IN MARIBOR

Maribor bietet noch viel mehr Möglichkeiten, einen schönen Aufenthalt zu genießen. Dazu zählt zum Beispiel eine Fahrt auf der **Drau-Fee** (Dravska Vila), einem kleinen Ausflugsschiff, mit dem man die Stadt vom Fluss aus bewundern kann. Historischer geht es bei einer **Floßfahrt** zu, die an die Tradition der Flößerei auf der Drau erinnert. Bei den Floßfahrten, die von Mai bis Oktober angeboten werden, ist ein Aperitif genauso inbegriffen wie ein Live-Musikprogramm und die obligatorische Flößertaufe der Gäste. Natürlich

SPECIAL

DIE ÄLTESTE WEINREBE DER WELT

Das Hauptaugenmerk im westlichen Lent richtet man auf jeden Fall auf die Stara Trta. Es handelt sich um die älteste Weinrebe der Welt, die mit diesem Titel einen Eintrag in das Guinnessbuch der Rekorde erlangte. Seit über 400 Jahren wächst sie an der Fassade des Hauses mit dem gleichen Namen und hat im Laufe ihres Lebens mehrere Hausbrände und auch die Bombardierungen im Zweiten Weltkrieg überstanden. Im Haus ist eine Vinothek untergebracht, wo man den edlen Saft aus den Weinbergen Maribors kosten kann. Jedes Jahr werden die Trauben der alten Rebe geerntet, wobei rund 35 bis 55 Kilo als Ernte anfallen und daraus nicht mehr als einhundert kleine Flaschen abgefüllt werden. Üblicherweise stimmt man beim Genuss des Weins die Hymne der alten Rebe an, die man im Laufe der Zeit gedichtet hat.

Innenhof von Schloss Oberradkersburg

darf in einer Stadt wie Maribor auch die Rundfahrt mittels Touristenzug nicht fehlen. Der kleine Bummelzug namens **Jurček** startet an der Franziskanerkirche und fährt an den bedeutendsten Sehenswürdigkeiten vorbei.

Zu guter Letzt gibt es natürlich die Möglichkeit, durch eine Shoppingmall zu flanieren. Das große Einkaufszentrum Europark wurde im Jahr 2000 eröffnet und war zum damaligen Zeitpunkt das größte Einkaufszentrum des Landes. Im Jahr 2007 wurde es darüber hinaus umfangreich erweitert und beherbergt heute 120 Geschäfte; die meisten Modemarken sind auch aus deutschen Einkaufszentren bekannt.

WIEDER HINAUS AUFS LAND

Nach einem ausgiebigen Stadtbesuch, für den man ruhig mehrere Tage einplanen kann, verlassen wir Maribor östlich des Bahnhofs auf der Straße H 2. Die vierspurige Schnellstraße verläuft nach Norden, wo sie an einem Kreisverkehr bei Dolnja Počehova die E 59 berührt. Wir fahren auf die mautpflichtige Autobahn in Richtung Budapest und wechseln sogleich an der ersten Möglichkeit auf die Autobahn 5 in Richtung Murska Sobota.

Wer die Autobahn vermeiden möchte, muss kleinere Landstraßen in Kauf nehmen. Diese sind zwar gut ausgebaut, aber deutlich zeitaufwändiger. Dafür unterquert man am Kreisverkehr die E 59 und verlässt den Kreisel an der nächsten Ausfahrt in Richtung Lenart und Pernica. Bis Lenart bleibt die Straße 449 in der Nähe der Autobahn. Damit sind wir unterwegs in der **Slovenske Gorice**, zu Deutsch in der Windischen Bühel. Diese hügelige Region bildet den Übergang zwischen den Lavanttaler Alpen, also den slowenischen Zentralalpen und dem Pannonischen Becken. Die Pannonische Tiefebene hat ihren Namen von Pannonia, einer ehemaligen römischen Provinz, und erstreckt sich über ganz Ungarn bis nach Rumänien, in die Ukraine und in die Slowakei. Slowenien hat zwar keinen Anteil an der Tiefebene, doch ist hier deutlich zu spüren, dass man sich von den hohen Alpengipfeln durch das sanfte Hügelland einer tiefer gelegenen Ebene nähert.

Geprägt ist die Region von Landwirtschaft und in den südlicheren Randlagen

Leicht hügelige Landschaft im Osten des Landes

auch vom Weinanbau. Von Nordwest nach Südost zieht sich zudem der Fluss Mur. Er ist weitgehend naturbelassen und windet sich überwiegend zwischen Auwäldern, die sich an beiden Uferseiten erstrecken. Ein Erreichen des Flusses mit einem Fahrzeug ist so gut wie ausgeschlossen.

Anstatt die Landschaft zügig auf der Autobahn zu durchqueren, sollten wir ab **Lenart** unbedingt der Straße 449 in Richtung Murska Sobota folgen. An einem Gewerbegebiet fahren wir am Kreisverkehr geradeaus. Interessant ist die Ovtar genannte Skulptur im Kreisverkehr. Diese übergroße menschliche Gestalt symbolisiert den Wächter der Weinberge und dreht sich die ganze Zeit im Kreis.

Wir durchqueren mehrere kleine Ortschaften und passieren bei **Spodnja Ščavnica** den noch jungen Fluss Ščavnica, der später in die Mur münden wird. Wald, Agrarland und Besiedelungen wechseln sich ab, während wir die gut 20 Kilometer zwischen Lenart und der nächstgrößeren Ortschaft Gornja Radgona zurücklegen.

Gornja Radgona erstreckt sich am rechten Ufer der Mur, die hier zugleich Grenzfluss zwischen Slowenien und Österreich ist. Die Stadt wird auf Deutsch mit Oberradkersburg bezeichnet. Oberradkersburg war bis nach Ende des Ersten Weltkriegs Stadtteil von Bad Radkersburg auf der österreichischen Seite. Durch den Vertrag von Saint-Germain und der damit verbundenen Auflösung Österreich-Ungarns im Jahr 1920 war die Stadt nun geteilt und der Ortsteil Oberradkersburg befand sich auf slowenischem Staatsgebiet. 1969 wurde die Murbrücke zwischen den beiden Orten wiedereröffnet – eine vorsichtige Annäherung beider Seiten. Doch erst seit der Unabhängigkeit Sloweniens und dem späteren Beitritt zur Europäischen Union sowie der Unterzeichnung des Schengen-Abkommens ist ein regulärer Austausch zwischen beiden Orten möglich.

GETEILTE STADT GORNJA RADGONA

Durch diese historische Begebenheit fehlt Gornja Radgona ein klassisches Stadtzentrum bzw. eine Altstadt. Dennoch lohnt sich der Besuch der Stadt, denn auf einem Hügel oberhalb der Stadt erhebt sich das **Schloss Oberradkersburg**. Die Festungsanlage wur-

Renovierungsbedürftig aber sehenswert ist das Schloss Goričko.

de Mitte des 14. Jahrhunderts erstmalig erwähnt und wechselte im Laufe ihres Bestehens oftmals den Besitzer. Während der Zeit, in der die Stadt zu Jugoslawien gehörte, war im Schloss eine Schule untergebracht. Heute können gegen Eintritt der Schlosspark, das Atrium und die Räumlichkeiten besichtigt werden. Der Parkplatz (46.682722, 15.984250) lässt sich über eine schmale Straße durch ein ruhiges Wohnviertel erreichen. Ebenso besteht die Möglichkeit, ab der Mur-Brücke über eine Treppe oder ab dem Ortszentrum über einen kleinen Waldweg zu Fuß auf den Schlosshügel zu gelangen.

Südöstlich von Gornja Radgona befindet sich die Ortschaft **Radenci**. Bekannt ist der Ort durch das gleichnamige Mineralwasser, das hier abgefüllt wird. Schon im frühen 19. Jahrhundert entdeckte man hier Thermalquellen und baute daraufhin Radenci zu einem Badeort aus. Der Glanz des einstigen Kurbetriebs ist heute jedoch kaum mehr zu spüren. Im Osten der kleinen Ortschaft breitet sich lediglich noch der Kurpark aus.

Auf der Straße 235, die am Kurpark verläuft, überqueren wir wenig später die Mur und erreichen nach kurzer Fahrt das Etappenziel **Murska Sobota**. Eine große touristische Bedeutung kann man der Stadt leider nicht nachsagen, doch sehenswert ist das Schloss im Stadtzentrum. Es ist von einem weitläufigen Stadtpark mit einem kleinen Teich umgeben und beherbergt ein Regionalmuseum mit zahlreichen Kunstschätzen aus der Umgebung. Auf der Ostseite des Schlosses verläuft eine Tangente genau bis zur gegenüberliegenden evangelischen Kirche, die besonders von innen sehenswert ist. Dabei passiert man eine weitere kleine Grünanlage, in der sich das Siegesdenkmal erhebt, das an den Zweiten Weltkrieg erinnert.

BAROCKSCHLOSS, VULKANIJA UND DREILÄNDERECK

Wer noch ein wenig Zeit mit auf die Reise nach Slowenien gebracht hat, sollte sich auch den Nordosten des Landes anschauen. Dieser ist zwar weit weniger spektakulär als die Gebirgsregion oder die Mittelmeerküste, dennoch gibt es hier mit einigen Abstechern Kleinode zu besichtigen. Über die Straßen 715 und 716 gelangt man zum Beispiel nach **Goričko**, wo sich das größte Barockschloss

Sloweniens (46.799556, 16.096056) befindet. Die Fertigstellung der Schlossrestaurierung würde seine Schönheit zwar noch deutlicher herausstellen, ist aber angesichts der Größe zeitaufwändig und kostspielig. Immerhin ist man schon seit über 20 Jahren dabei, es wieder in einen salonfähigen Zustand zu bringen. Einige der über 300 Schlosszimmer werden für Seminare und Ausstellungen genutzt. Außerdem ist hier ein Museum untergebracht, das die Handwerksberufe der Region präsentiert. Das Bauwerk befindet sich auf einem nach allen Seiten hin abfallenden und bewaldeten Hügel aus Basalttuff.

Die übergroße Figur von Oli dem Maulwurf lädt dazu ein, Goričkos **Erlebnispark Vulkanija** zu genießen (46.802778, 16.091667). Die moderne interaktive Ausstellung befasst sich mit dem Thema Geologie und Vulkanismus, denn auf dem heutigen Gebiet von Goričko ist vor über drei Millionen Jahren der letzte »slowenische Vulkan« ausgebrochen. Selbst wer sich nicht für das Thema Geologie interessiert, wird sich in der erlebnisreichen Ausstellung nicht langweilen.

Zu guter Letzt empfiehlt sich ein Abstecher zum Dorf **Trdkova** (46.857889, 16.124722). Über einen gut zwei Kilometer langen Wanderweg durch den Wald gelangt man zu einem 384 Meter hohen Hügel. Ein Denkmal auf dem bewaldeten Berg, umgeben von Schutzhütten und zahlreichen Picknickplätzen, markiert das malerisch gelegene **Dreiländereck** von Slowenien, Österreich und Ungarn.

Dreiländereck zwischen Ungarn, Österreich und Slowenien

Der Maulwurf lädt in die Vulkanwelt ein.

PRAKTISCHE HINWEISE

TOURISTENINFORMATIONEN

TIC Dravograd
Trg 4. julija 50, 2370 Dravograd, Tel. +386 2 8710285

TIC Maribor
Partizanska cesta 6 a, 2000 Maribor, Tel. +386 2 2346611

TIC Lenart
Trg osvoboditve 9, 2230 Lenart v Slovenskih goricah, Tel. +386 5 9128773

TIC Gornja Radgona
Kerenčičeva ulica 16, 9250 Gornja Radgona, Tel. +386 2 5648240

TIC Murska Sobota
Slovenska ulica 41, 9000 Murska Sobota, Tel. +386 2 5341130

Informationszentrum Naturpark Goričko
Grad 191, 9264 Grad, Tel. +386 2 5518860

STELLPLÄTZE

S 300 **Wohnmobilstellplatz Radlje ob Dravi** (S. 170/C4)
Zgornja Vižinga, 2360 Radlje ob Dravi
GPS-Daten: 46.608083, 15.202583
Zehn Stellflächen zwischen der Ortschaft und dem nördlichen Ufer der Drau. Gleich gegenüber von einem Freibad. Strom, Wasser und Wi-Fi vorhanden.

S 301 **Wohnmobilstellplatz Ribnica na Pohorju (Kmetija Tete Lene)** (S. 170/C5)
79 Ribnica na Pohorju, 2364 Ribnica na Pohorju, Tel. +386 31 224655
GPS-Daten: 46.541611, 15.274306
In einer der am wenigsten besiedelten Regionen Sloweniens auf einem einsam gelegenen Bauernhof zu übernachten, was will man mehr? Anfahrt am besten über die Straße 704 ab Podvelka an der Drau. Lediglich zwei Stellplätze stehen zur Verfügung, ebenso Wi-Fi, WC, Strom und Wasser. Hunde sind erlaubt.

Ruhiger Übernachtungsplatz im Drau-Tal

Gewöhnungsbedürftig, aber auch möglich: Übernachtung in Maribors Zentrum

S 302 Wohnmobilstellplatz Ribnica na Pohorju (S. 170/C5)
GPS-Daten: 46.533111, 15.267028
Wer auf dem Bauernhof nicht mehr unterkommt, kann am Skisportzentrum in der Ortschaft auch auf einem der drei kostenlosen Stellflächen übernachten.

S 303 Wohnmobilstellplatz Lovrenc na Pohorju (S. S. 170/D5)
Gaberca, 2344 Lovrenc na Pohorju
GPS-Daten: 46.542000, 15.386194
Kostenlose Übernachtungsmöglichkeit auf dem Parkplatz neben einer Grundschule.

S 304 Wohnmobilstellplatz Maribor (Drava-Center) (S. 171/F5)
Limbuško nabrežje 2, 2341 Limbuš,
Tel. +386 70 337114, www.dravacenter.si
GPS-Daten: 46.563528, 15.589389
Das Drava-Center ist ein Restaurant und eine Strandbar im Ort Limbuš (Gemeinde Maribor) am südlichen Ufer der Drau und rund viereinhalb Kilometer westlich von Maribor. Wi-Fi und Strom wird auf dem kleinen Schotterparkplatz, auf dem man übernachten darf, angeboten. Die Stadt ist über den Radweg an der Drau gut zu erreichen.

S 305 Wohnmobilstellplatz Maribor (Busbahnhof) (S. 171/G5)
Mlinska ulica, 2000 Maribor
GPS-Daten: 46.559972, 15.656583
Unattraktive Lage, aber zumindest zwei einfache Park- und Übernachtungsplätze direkt zwischen dem Busbahnhof und den Bahngleisen des nahe gelegenen Bahnhofs.

S 306 Wohnmobilparkplatz Maribor (Bahnhof) (S. 171/G5)
Partizanska cesta 57, 2000 Maribor
GPS-Daten: 46.563028, 15.658139
Auch hier gilt: eher unattraktiv, aber zweckmäßig. Sechs Parkplätze speziell für Wohnmobile direkt neben dem Bahnhofsgebäude. Nachts entsprechend nicht leise, offizielles Parken ohnehin nur von 8–17 Uhr erlaubt.

S 307 Wohnmobilstellplatz Apače
(S. 172/A3) Zgornje Konjišče,
9253 Apače
GPS-Daten: 46.715750, 15.823889
Kleiner kostenloser Stellplatz für drei Reisemobile an einem Sport- und Erholungszentrum in schöner Lage an einem Seeufer südlich der Mur. Ab Gornja Radgona über die Straße 438 in westliche

Einsam gelegener Stellplatz

Richtung zu erreichen. Bei Podgorje rechts abbiegen.

S 308 **Wohnmobilstellplatz Gornja Radgona** (S. 172/B4)
Cesta na stadion, 9250 Gornja Radgona
GPS-Daten: 46.677639, 16.000444
Einfacher Übernachtungsplatz am Hippodrom und Sportplatz im Osten der Stadt. Nur wenige Meter vom Mur-Ufer entfernt. Wasser und Strom vorhanden.

S 309 **Wohnmobilstellplatz Gornja Radgona** (S. 172/B4) Ljutomerska cesta 25, 9250 Gornja Radgona
GPS-Daten: 46.668194, 16.002750
Kleiner Schotterparkplatz für acht Wohnmobile direkt am Restaurant Gostilna Izvir. WC, Strom und Wasser vorhanden. Schöne Lage an einem kleinen See.

S 310 **Wohnmobilstellplatz Radenci** (S. 172/C4, 180/C1) Gozdna cesta, 9252 Radenci
GPS-Daten: 46.636667, 16.035444
Einfacher Übernachtungsplatz auf Asphalt neben einem Kinderspielplatz und einer Halfpipe. Jugendtreff außerhalb der Stadt.

S 311 **Wohnmobilstellplatz Murska Sobota** (S. 172/D4, 180/D1)
Bakovska ulica, 9000 Murska Sobota
GPS-Daten: 46.638722, 16.165528
Fünf einfache und kostenlose Parkplätze auf Schotter an einem See, der zum hiesigen Angelverein gehört. Rund 350 Meter von der Autobahn 5 entfernt, die man zuweilen hören kann. Weit außerhalb der Stadt und keine Infrastruktur.

S 312 **Wohnmobilstellplatz Rakičan** (S. 172/D4, 180/D1) Lendavska ulica 32–30, 9000 Murska Sobota
GPS-Daten: 46.646139, 16.194750
Rakičan ist ein kleines Dorf vor den Toren der Stadt Murska Sobota im Osten. Hier befindet sich ein nettes, aber sanierungsbedürftiges vierflügeliges Schloss, das nicht nur besichtigt werden kann: Vor dem Schloss, jedoch auch direkt an der Landstraße, darf man auf dem schmalen Schotterstreifen übernachten.

S 313 **Wohnmobilstellplatz Nemčavci** (S. 172/D3) Nemčavci, 9000 Murska Sobota
GPS-Daten: 46.681139, 16.182278
Einfacher Übernachtungsplatz ohne

Ausstattung an einem Sportzentrum nördlich von Murska Sobota.

S 314 Wohnmobilstellplatz Cankova
(S. 172/B2) Gerlinci 35–33,
9261 Cankova
GPS-Daten: 46.761583, 16.005750
Einfacher Parkstreifen gegenüber einer kleinen Kirche.

S 315 Wohnmobilstellplatz Cankova
(S. 172/C3) Cankova,
an der Straße 440, 9261 Cankova
GPS-Daten: 46.726139, 16.026528
An einem Restaurant nördlich von Gornja Radgona, aber natürlich wieder auf slowenischer Seite. Einfache und günstige Übernachtungsmöglichkeit auf dem Parkplatz eines Restaurants im Wald.

S 316 Wohnmobilstellplatz Cankova
(S. 172/C2) Krašči 22, 9261 Cankova,
Tel. +386 2 5401551
GPS-Daten: 46.755222, 16.046583
Kleiner Bauernhof mit Zeltwiese und der Möglichkeit, günstig zu übernachten. Ruhige Lage am Ostufer des Ledavsko-Sees, rund sechs Kilometer südwestlich von Goričko entfernt. Strom, Wasser und Wifi vorhanden.

CAMPINGPLÄTZE

C 317 Camping Center Kekec
(S. 171/F5) Pohorska ulica 35 c,
2000 Maribor,
Tel. +386 40 665732, www.cck.si
GPS-Daten: 46.535806, 15.604417
Idyllischer Campingplatz mit schöner Lage und Blick auf die Skisportstätten im Süden. Das Zentrum von Maribor ist rund vier Kilometer entfernt und mit dem Rad relativ einfach zu erreichen.

C 318 Camping Terme 3000 (S. 173/E3)
Kranjčeva ulica 74 a, 9226 Moravske Toplice,
Tel. +386 2 5122200,
www.sava-camping.com
GPS-Daten: 46.678472, 16.221389
Weniger ein Campingplatz als ein Ferienresort mit Freibad, Riesenwasserrutsche und Ferienbungalows. Zum Resort gehört auch ein großer Campingbereich. Die Anlage befindet sich knapp vier Kilometer nordöstlich der Stadt Murska Sobota.

Hin und wieder findet man auch einen schönen Picknickplatz.

4 IN DEN WEINBAUGEBIETEN VON SLOWENIENS OSTEN

Von Murska Sobota nach Celje

Der Osten Sloweniens, Pomurje genannt, ist geprägt durch umfangreichen Weinanbau. Mehrere Weingüter lernen wir östlich von Murska Sobota kennen, außerdem ein Vinarium und einen architektonisch sehenswerten Aussichtsturm. Das Panorama auf dem Turm reicht weit über die Weinberge hinweg bis in sämtliche Nachbarstaaten. An der Mur stoßen wir auf eine dichte Ufervegetation, die mancherorts von einer der selten gewordenen Schiffsmühlen unterbrochen wird. Westlich der Weinbaugebiete besuchen wir die Altstädte und Burgen von Ptuj und Celje. Auch der Ausflug in ein topmodernes Informationszentrum lohnt sich, bei dem es um das Thema Raumfahrt geht – mitten in einer von Landwirtschaft geprägten Umgebung.

Kleine Kirche bei Olimje

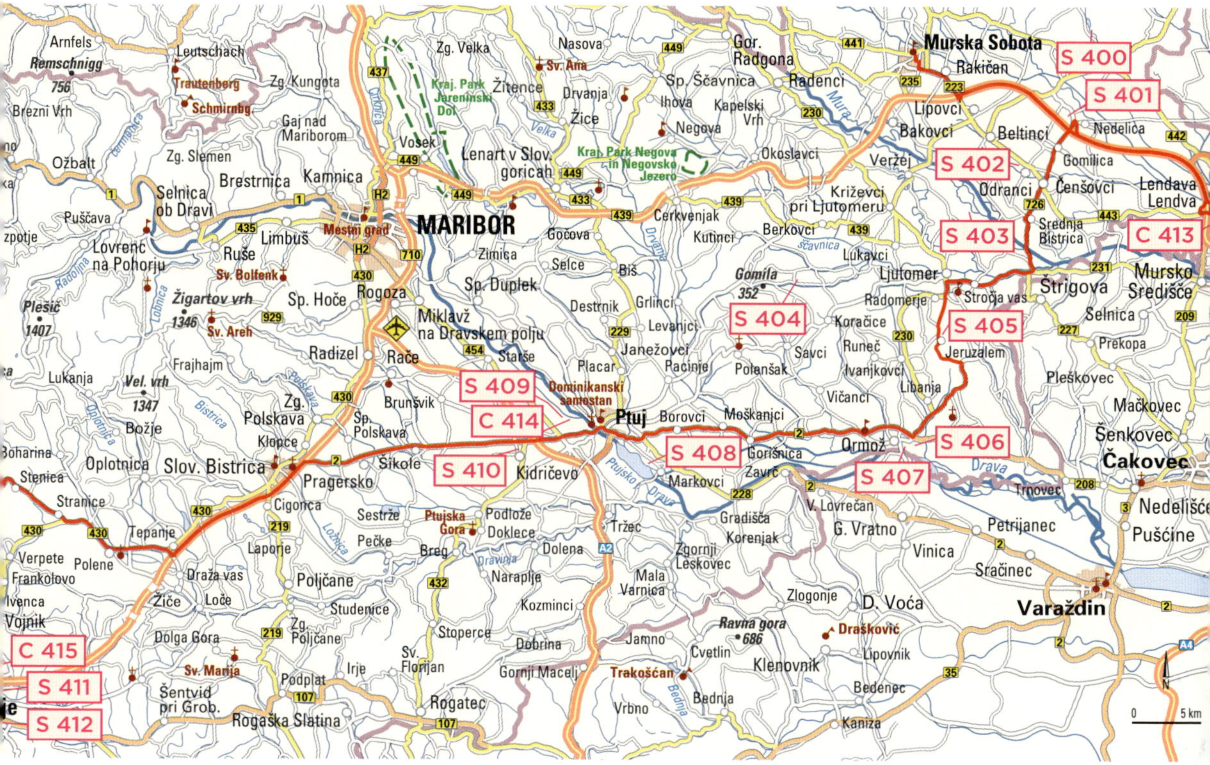

Pomurje oder auch Pomurska heißt die Region ganz im Nordosten Sloweniens, die von den drei Nachbarstaaten Österreich, Ungarn und Kroatien begrenzt wird. Fast schon wie eine natürlich Grenze wirkt hier der Fluss Mur, der von Österreich nach Kroatien fließt, dabei Slowenien durchquert und die Region Pomurska beinahe vom Rest Sloweniens abtrennte, würde sich diese nicht über beide Seiten des Flusses erstrecken. Sie ist als Teil der Pannonischen Tiefebene relativ flach und wird nur vereinzelt von einigen Hügeln umringt. Gleich drei Naturparks befinden sich in Pomurska und als Herzstück gilt die Stadt **Murska Sobota**, die über die Autobahn 5 sehr leicht zu erreichen ist. Kein Wunder also, dass man hier das sogenannte **Tor zur Pomurje** (46.638222, 16.165722) eingerichtet hat.

TOPMODERN UND VIRTUELL DURCH DEN OSTEN SLOWENIENS

Bei diesem »Tor« handelt es sich um einen Gebäudekomplex, der sich südlich der Stadt an einem ausgebaggerten See gleich neben der Autobahnausfahrt 7 befindet. Schon allein seine Architektur fällt auf und im **Expano-Pavillon** lernt man die Region in einzigartiger Weise im Rahmen eines interaktiven Erlebnisparks kennen.

»Pormuje im Kleinformat spüren«, lautet der Slogan, und dazu gehört zum Beispiel ein 3-D-Film, der die Landschaft und die Besiedlungsgeschichte der Pomurje erzählt. Mit noch mehr Hightech erlebt man die spannenden Abenteuer eines gewissen Max Cosyns. Dieser belgische Wissenschaftler war im Jahr 1934 in einem Stratosphärenballon unterwegs und musste aufgrund schlechten Wetters seine Reise vorzeitig abbrechen. Er landete in dem kleinen Dorf Ženavlje und löste dort ungläubiges Erstaunen aus, als er das kugelförmige Transportmittel verließ. In der Ausstellungshalle ist ein Modell des Ballons aufgestellt, in dem man auch eine VR-Brille aufsetzt, um die Reise als virtuelle Realität nachzuerleben und die Landschaft auf diese Weise von oben zu genießen.

ROUTE 4

START- UND ENDPUNKT
Murska Sobota und Celje

STRECKEN
überwiegend Landstraßen

STRECKENLÄNGE
ca. 160 Kilometer

FAHRZEIT
2 bis 3 Tage

BESTE JAHRESZEIT
Mai bis Oktober

Der Ledavsko jezero bietet bedrohten Arten einen Lebensraum.

Ebenfalls sehr modern präsentiert sich im Nebenraum das Panoskop, ein hochauflösendes Gigapixel-Panorama-Foto, in das man tief hineinzoomen kann und das natürlich auch die Landschaft Pomurska zeigt. Digital und trotzdem so, als würde man durch ein Fernglas schauen. Damit das »Tor zur Pomurje« nicht zu voll wird, ist die Besucherzahl beschränkt und es werden maximal 15 Personen pro Viertelstunde eingelassen. Doch hier im äußersten und eher ruhigen Nordosten Sloweniens fällt es eigentlich kaum auf, dass es eine Besucherbeschränkung gibt.

Außerhalb des Pavillons kommen all diejenigen auf ihre Kosten, die sich ein wenig auspowern und aktiv sein wollen. Auch wenn der See noch nicht als Badegewässer klassifiziert ist und Baden daher auf eigene Gefahr erfolgt, bestehen Möglichkeiten, den künstlichen See aus dem Kanu oder auf dem Surfbrett zu erleben.

SPECIAL

WASSERMÜHLEN AUF DER MUR

Die südlich von Murska Sobota fließende Mur entspringt im österreichischen Nationalpark Hohe Tauern und durchquert auf ihrem Weg das Bundesland Steiermark, bevor sie über Slowenien Kroatien erreicht. Dabei wird die Mur zum Grenzfluss und bildet das Dreiländereck zwischen Slowenien, Kroatien und Ungarn. Besonders in diesem Abschnitt mäandert der Fluss sehr stark. Häufig wurde er für den Betrieb von Schiffsmühlen genutzt – mit einem Wasserrad angetriebene Mühlen, die als eine Art Hausboot auf dem Wasser liegen und mit dem Festland vertäut sind. Eine dieser selten gewordenen Schiffsmühlen kann man im Dorf Ižakovci bei Beltinci südlich von Murska Sobota besichtigen (46.580000, 16.208472). An Bord der Schiffsmühle lässt sich gut erkennen, wie ursprünglich der Fluss hier ist. Kein Fuß- oder Radweg entlang des Ufers, keine Häuser am Rand, allein die Natur reicht bis ans Wasser heran. Nur eine Pontonfähre neben der Schiffsmühle, auf der man die Ufer wechseln kann, unterbricht die dichte Vegetation (max. sechs Tonnen Zuladung).

Murska Sobota verlassen wir ostwärts, jedoch mit einem kleinen Abstecher: Zwei kleinere Kirchen zeigen sich ganz unterschiedlich und sind eine kurze Besichtigung wert. Auf der Straße 725 fahren wir zunächst nach Nordosten in Richtung Fokovci, bis wir bei **Selo** zu einem kleinen Parkplatz auf der linken Seite gelangen (46.735611, 16.291944). Von dort sind es nur wenige Gehminuten über einen Schotterweg bis zur Rotunde Sankt Nikolai. Diese romanische Rundkirche wurde Mitte des 13. Jahrhunderts erbaut und präsentiert sich noch heute fast so wie bei der Fertigstellung. Die einzige nennenswerte Veränderung, die es im Laufe der Jahrhunderte gab, sind die umfangreichen Freskenmalereien in der Kuppel der Kirche. Und auch die sind mittlerweile ein halbes Jahrtausend alt. Sie zeigen Jesus Christus, der von den Symbolen der vier Evangelisten sowie von Sonne und Mond umgeben ist.

Eine weitere Kirche mit einem eher ungewöhnlichen Kirchturm erblicken wir weiter südlich in **Bogojina** (Parkplatz: 46.677944, 16.275806). Dieses weiß getünchte Gotteshaus, das deutlich jünger ist als die Rotunde, erreichen wir ab Murska Sobota über die Straße 442. Geschaffen wurde die Kirche in den 1920er-Jahren von dem slowenischen Architekten Jože Plečnik. Ihm werden wir in Ljubljana noch begegnen, doch tätig war er auch in Tschechien, wo er die berühmte Prager Burg umgestaltete. Die sogenannte Neue Kirche in Bogojina entstand als Anbau an eine bereits bestehende Barockkirche. Die Blicke zieht zweifellos der Kirchturm auf

Rotunde von Selo mit frei stehendem Glockenturm

Ungewöhnlicher Rundturm an der Kirche von Bogojina

Grüne Landschaften um Lendava

sich, der an einen Leuchtturm erinnert. Die obere Etage des Rundturms wird von mehreren Säulen getragen und anstatt eines üblichen Kirchturmdachs gibt es ein Flachdach ähnlich einer Terrasse. Auf dieser Terrasse erhebt sich ein weiteres kleines Türmchen, das mit einer Rundhaube abschließt, die wiederum von weiteren Säulen getragen wird. Im hinteren Teil des Kirchenschiffs befindet sich schließlich ein Zwilling dieses kleineren Turmes. Dieser ragt aus dem Dach der Kirche heraus und wirkt dabei optisch wie ein Schornstein. Alles in allem eine eigenwillige, aber sehenswerte Architektur.

SPAZIERGANG DURCH DIE TROPENHÄUSER

Nur ein Katzensprung ist es auf der Straße 442 bis **Dobrovnik**, wo sich am südlichen Ortsrand ein kleiner botanischer Garten (46.638167, 16.345472) befindet. Die Bezeichnung »botanischer Garten«, die die ansässige Firma benutzt, ist etwas irreführend, denn eigentlich handelt es sich um Gewächshäuser, in denen unzählige farbenprächtige Orchideen gezüchtet werden. 2003 gegründet, verschickt das Unternehmen Ocean Orchids heute gut zwei Millionen Pflanzen in weite Teile Europas. Besucher können die Orchideen nicht nur besichtigen, sondern auch käuflich erwerben. Seit 2012 gibt es zudem ein tropisches Gewächshaus. In der sechs Meter hohen Anlage wachsen mehr als hundert verschiedene tropische Pflanzen. Die Auswahl reicht von Bananenbäumen über Papaya, Vanille, Mango bis hin zu verschiedenen fleischfressenden Pflanzen. Im Eintrittspreis von 5 Euro für das Tropenhaus ist eine Gutschrift von 2,50 Euro enthalten, die man in den Gewächshäusern einlösen kann.

Weiter auf der Straße 442 erreichen wir **Lendava**, die letzte größere Ortschaft Sloweniens. Etwas despektierlich könnte man behaupten, man sei hier im hintersten Winkel des Landes. Doch besonders Weinliebhaber werden die Region zu schätzen wissen. Mehrere Winzer nutzen die sanften Hügel der Landschaft für den Anbau verschiedener Rebsorten. In erster Linie wird man in den Genuss von Welschriesling kommen, der als Laški Rizling bezeichnet wird. Aber auch Chardonnay-Weine werden produziert.

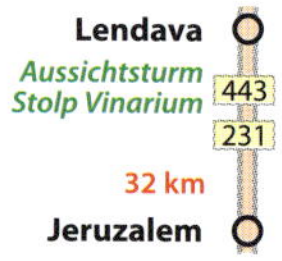

Moderner Aussichtsturm oberhalb von Lendava

ZU DEN WEINGÜTERN BEI LENDAVA

Besuchenswert sind zum Beispiel der **Weinkeller Kelenc** (Lendavske gorice 29 b, 46.569694, 16.459139) und das **Weinhaus Cuk** (Lendavske gorice 217, 46.565944, 16.476361). Beide Weingüter liegen auf den sanft ansteigenden Höhen östlich von Lendava, natürlich von Weinbergen umgeben, und sie bieten eine Vielzahl an Weinen an, die selbstverständlich auch verkostet und käuflich erworben werden können.

Gleich dem Weinhaus Cuk gegenüber erhebt sich ein als Piramida bezeichneter Turm in schlichter Betonausführung. Er ist keine Schönheit und man mag sich beim Betrachten fragen, welche Funktion er erfüllt. Wenn er bestiegen werden könnte, würde er eine tolle Aussicht bieten. Denn er steht auf 327 Meter Höhe und damit auf dem höchsten Punkt der Umgebung, weshalb er als geodätischer Messpunkt dient. Das Besteigen an der Außenleiter ist indes nicht möglich, aber auch nicht notwendig. Denn schon bei der Anfahrt zu den Weingütern erblickt man von Weitem den markanten Aussichtsturm **Stolp Vinarium** (46.567278, 16.467889).

AUSBLICK IN VIER LÄNDER

Dieser Stahlturm wurde 2015 eröffnet und gilt mit seiner Höhe von mehr als 53 Metern als der höchste Aussichtsturm Sloweniens. Bei schönem Wetter ermöglicht er eine Aussicht in vier Länder. Die ungarische Grenze ist nur einen Kilometer entfernt, nach Kroatien sind es fünf Kilometer und Bad Radkersburg in der Steiermark liegt knappe 33 Kilometer Luftlinie entfernt.

Im Erdgeschoss des kostenpflichtigen Turms wartet eine kleine Einkehrmöglichkeit, in der es hausgemachte regionale Spezialitäten gibt und wo man auch wieder Wein verkosten kann. Nicht umsonst trägt der Turm den Namen Vinarium. Anschließend geht es 240 Stufen hinauf bis zur Aussichtsplattform in 42 Meter Höhe. Dabei erhält man ganz nebenbei noch einen Einblick in die Handwerkskunst der Region, die in gläsernen Schaukästen ausgestellt ist. Wer die Treppe meiden möchte, kann den Fahrstuhl benutzen, der im Inneren des Turms nach oben fährt.

Turm und Weingüter sind Teil der hiesigen **Weinstraße**, die als touristische Straße über die Hügellandschaft bei Lendava ver-

Fantastischer Ausblick in vier Länder gleichzeitig

läuft. Für größere Wohnmobile ist sie stellenweise zu eng und man sollte ohnehin nicht in jede Sackgasse hineinfahren, da es am Ende der Hügel keine Wendemöglichkeiten gibt. Eine bessere Alternative ist daher, einen der Parkplätze am Turm oder am Weingut Cuk aufzusuchen und von dort per Fahrrad oder zu Fuß die Umgebung zu erkunden.

Einen kleinen Ausflug wert ist etwa die **Kapelle der Heiligen Dreifaltigkeit** (46.560361, 16.461750). Hier war einst ein Militärstützpunkt, um die weiter unten liegende Stadt Lendava vor den heranrückenden Türken zu schützen. Aus Dankbarkeit für das erfolgreiche Gelingen ließ man die kleine Kapelle errichten, in der sich in einem halb

gläsernen Sarg die Mumie von Mihael Hadik befindet. Er war der Heerführer gegen die Türken und wird in der Region als Held verehrt. Um das Innere der Kapelle und den Leichnam sehen zu können, muss man jedoch vorher telefonisch um Einlass bitten (+386 40 349613).

Wesentlich leichter ist die Besichtigung des **Schlosses Lendava**, das ebenfalls etwas erhöht über der Stadt liegt, aber dennoch direkt am Ortsrand. Schon im 12. Jahrhundert gab es hier ein Schloss, doch das heutige Bauwerk ist jüngeren Datums und stammt aus dem 18. Jahrhundert. Es beherbergt eine Galerie mit einer Gemäldesammlung örtlicher Künstler. In den letzten Jahren wurden hier aber auch Werke weitaus bekannterer Künstler gezeigt. So fanden jüngst Ausstel-

Außergewöhnlich zeigt sich das Kulturzentrum von Lendava.

Der Osten Sloweniens ist von sattem Grün geprägt.

Einen Besuch wert ist die Synagoge in Lendava.

lungen mit Bildern von Marc Chagall und Salvador Dalí statt.

Unterhalb des Schlosses gelangt man in den lang gestreckten Ort: Man spaziert zunächst an einer Kapelle vorbei und erreicht wenig später die **Synagoge**. Sie ist eine von zwei verbliebenen Synagogen in Slowenien und von außen kaum als solche erkennbar. Sie wird auch längst nicht mehr als Gotteshaus genutzt, sondern dient als Ausstellungsraum und ist Teil des gesamtslowenischen **Holocaust-Museums**. Dazu gehört ebenfalls der Jüdische Friedhof mit seinen fast 130 Grabsteinen. Deutlich markanter als

Flora und Fauna im Einklang

Der Osten des Landes ist vom Weinbau geprägt.

das Gebäude der Synagoge ist das **Kulturzentrum** auf der gegenüberliegenden Seite des Platzes. Vor und in der Halle mit ihren 444 Sitzplätzen finden zahlreiche Veranstaltungen statt, dann wird das Bauwerk mit seinen zwei Türmen und der Glasfront bunt illuminiert.

DAS WEINANBAUGEBIET RUND UM JERUZALEM

Der schnellste Weg von Lendava in die nächste größere Ortschaft, Ptuj, verläuft zu Teilen auf der nordwärts verlaufenden Autobahn 5. Doch dann würde man einen großen Bogen um den Landschaftspark Jeruzalem Ormoška gorica machen. Auch in dieser Hügellandschaft begegnet man dem Thema Wein. Zahlreiche Weinberge wechseln sich mit kleinen Wäldern und Feldern ab und im Mittelpunkt steht das kleine Dorf **Jeruzalem**. Der Name kommt nicht von ungefähr, denn Jeruzalem wurde im 13. Jahrhundert von deutschen Kreuzrittern gegründet, die aus dem Heiligen Land wieder in die Heimat zurückkehrten. Noch heute gibt es sogar deutschsprachige Spuren. Eine Inschrift an der Kirche erinnert zum Beispiel an ihren Bau, der wiederum eine vorher bestehende Kapelle der Kreuzritter ersetzte.

Heute leben im Dorf Jeruzalem gerade mal eine Handvoll Menschen. Man erreicht das Dorf inmitten von Weingütern und Reben (46.476167, 16.187639) über die Straße 433 bis Srednja Bistrica, wo man in südliche Richtung weiterfährt und die Mur überquert. Am Ortseingang der unbedeutenden Kleinstadt Ljutomer fährt man am Abzweig nach Maribor nach links und folgt der Straße 230 bis kurz vor Radomerje. Von hier an geht es über kleine Nebenstraßen in den Landschaftspark hinein nach Jeruzalem. Der Abzweig in den Wald ist durch die vielen Hinweisschilder zu den einzelnen Weingütern nicht zu verfehlen.

Nach dem Aufenthalt im Landschaftspark kann man Jeruzalem nach Süden verlassen, wo man auf die Hauptstraße 2 bei **Ormož** trifft. Die Ortschaft erstreckt sich am linken Ufer der Drau und es existiert nur eine Brücke, auf der man den Fluss überqueren könnte. Doch dann wäre man bereits in Kroatien, denn die Drau ist hier Grenzfluss zwischen den beiden Staaten.

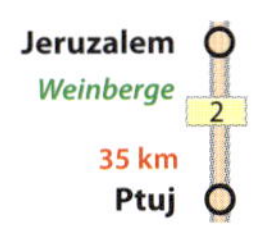

Deutlich zu erkennen ist die Burg von Ptuj.

WEINVERKOSTUNG IN PTUJ

Nördlich des Flusses verläuft die Straße 2 gen Westen in die Stadt **Ptuj**, die als älteste Stadt Sloweniens gilt. Sie ist nicht sonderlich groß, aber das muss sie auch gar nicht sein, denn schön ist sie allemal. Auch Ptuj steht ganz im Zeichen des Weins. Und noch bevor man die Altstadt von Osten aus betritt, erblickt man das auf den ersten Blick unscheinbare Haus der **Weinkellerei Ptjuska klet**. Dieser Weinkeller ist der älteste in Slowenien und kann auf eine siebenhundert Jahre alte Geschichte zurückblicken. Verstaubte Weinflaschen im Keller zeugen von alter Tradition. Eine Besichtigung der Kellerei ist im Rahmen verschiedener Themenführungen möglich – Verkostung diverser

Ptuj
Schloss, Altstadt
51 km
Abstecher nach Vitanje

Ab und an lohnt auch der Blick in die Seitengassen.

Toller Ausblick von der Burg auf die Altstadt

Weine unterschiedlicher Jahrgänge und Sorten natürlich inklusive.

Wer sich weniger für Wein begeistern kann, lässt sein Wohnmobil beispielsweise auf dem Parkplatz am Ufer der Drau (46.418778, 15.867000) stehen und genießt den Spaziergang durch die wenigen Straßen, die die Altstadt von Ptuj bilden. Das innerstädische und dennoch überschaubare Leben spielt sich rund um den **Mestni trg** ab. An dem kleinen quadratischen Platz laden mehrere Einkehrmöglichkeiten und Straßencafés zum Verweilen ein. Er ist der Mittelpunkt der Fußgängerzone, die aus vier kurzen Straßen besteht, die direkt auf den Platz zulaufen. Die Ostseite des Platzes wird vom Rathaus mit seiner mächtigen Fassade und den dazugehörigen Erkern dominiert, während in der gegenüberliegenden Ecke die Skulptur des heiligen Florian über den Platz zu wachen scheint.

DURCH DIE ALTSTADT VON PTUJ

Doch die eigentlichen Sehenswürdigkeiten von Ptuj befinden sich außerhalb der Fußgängerzone, die man am besten über die Murkova ulica nach Westen hin verlässt. Nach wenigen Schritten ist der spitz zulaufende Platz **Slovenski trg** erreicht. Hier fällt der Stadtturm mit seinem barocken Zwiebelturm auf, doch man sollte nicht nur den Blick nach oben richten. Interessant sind auch die zahlreichen Denkmäler, die im Erdgeschoss in die Wand eingelassen wurden. Deutlich älter ist das Orpheus-Denkmal vor dem Stadtturm: Es stammt aus der Zeit der Römer, die das fünf Meter hohe Monument aus Marmor zu Ehren von Marcus Valerius Verus errichteten, der Überlieferung nach einst Statthalter von Poetovio, dem heutigen Ptuj. In mittelalterlichen Zeiten wurde das Orpheus-Denkmal als Pranger zweckentfremdet. Rund um den Slovenski trg befin-

SPECIAL

KURIOSE TURMUHRENLEGENDE

Wer beim Stadtturm genauer hinschaut, wird bemerken, dass er nur an drei Seiten eine Turmuhr besitzt. Ausgerechnet in Richtung Schloss, welches oberhalb der Altstadt gelegen ist, gibt es keine. Der Legende nach wollten die Bürger von Ptuj mit dieser Maßnahme verhindern, dass die Burgherren die Uhrzeit ablesen konnten, weil diese keinen finanziellen Beitrag zum Turmbau geleistet haben sollen.

Der Stadtturm gleich neben der Tourist Information

Kleine Gassen führen zur Burg hinauf.

den sich außerdem noch die Touristinformation und die gotische St. Georgskirche.

Das **Schloss** oberhalb der Altstadt befindet sich heute in Staatseigentum und beherbergt ein Regionalmuseum. Neben einer dauerhaften Ausstellung über die Entwicklung rund um Ptuj zeigt es die feudale Wohnkultur vom 16. bis zum 20. Jahrhundert. Eine umfangreiche Waffensammlung mit mehr als 500 Exponaten ist zudem in einem historischen Festsaal untergebracht. Doch obwohl die Burg von Ptuj einst eine durchaus tragende militärische Rolle spielte, sind beinahe sämtliche ausgestellten Waffen von der Burg Vurberk, darunter auch fünf Kanonen, die zu den ältesten und bedeutendsten Artilleriegeschützen Sloweniens gehören. Eine Musikinstrumentensammlung und eine Ausstellung zur Glasmalerei runden das breite Sprektrum des Museums ab. Doch auch ohne Besichtigung der zahlreichen Sammlungen lohnt sich der kurze Aufstieg zur Burg, denn von ihren Terrassen aus genießt man einen schönen Ausblick auf die Häuser der Altstadt bis weit über die Ufer der Drau hinweg.

Ein weiteres interessantes Bauwerk befindet sich am westlichen Rand der Altstadt unterhalb der Burganlage. Das ehemalige **Dominikanerkloster** wurde in der ersten Hälfte des 13. Jahrhunderts von der Witwe Friedrichs III. gegründet und bis zum Jahr 1785 als solches genutzt. Heute dient es als Kongress- und Veranstaltungszentrum. Die reich verzierte Fassade des im gotischen und barocken Stil gehaltenen Gebäudes ist einen Blick wert. Ein zweiter Klosterkomplex, dieses Mal vom Minoritenorden, befindet sich im Südosten der Altstadt und beherbergt

Sehenswerte Fassade am ehemaligen Klostergebäude

eine umfangreiche Klosterbibliothek mit Werken aus dem 16. Jahrhundert.

WESTWÄRTS

Auf dem Weg nach Westen überqueren wir mit dem Wohnmobil die Drau. Die Stadt verlassen wir über die Straße 710, die am Ortsausgang vom Vorort Spodnja Hajdina in die Straße 454 übergeht. An zwei Kreisverkehren überqueren wir die Autobahn 4 und bleiben geradeaus auf der Straße 2, wo wir für einige Zeit in einen dichten Wald eintauchen. Durch eine zeitweise landwirtschaftlich geprägte Region gelangen wir zur Autobahn E 57. Hier kann man entweder sofort die Auffahrt in Richtung Ljubljana wählen oder alternativ in das Städtchen **Slovenska Bistrica** fahren. Es bietet eine kleine Innenstadt, der Süden der Stadt ist von Gewerbegebieten und mehreren Einkaufsmöglichkeiten geprägt. Eine gute Gelegenheit, um den Tank und die Vorräte im Wohnmobil wieder aufzufüllen (Mercator: 46.388722, 15.570222, Lidl: 46.385861, 15.571222, Spar: 46.384806, 15.572750, Tuš-Supermarkt: 46.387194, 15.574139).

Auch wenn die Innenstadt von Slovenska Bistrica verhältnismäßig wenig zu bieten hat, sollte man zumindest dem Schloss (Parkmöglichkeiten in kurzer Distanz: 46.392333, 15.569917) einen kurzen Besuch abstatten. Entstanden ist das vierflügelige Gebäude aus einer Burg heraus, die bereits im 14. Jahrhundert erstmalig erwähnt wurde und in den folgenden Jahrhunderten durch mehrere An- und Umbauten ihr heutiges Aussehen erhielt. Sowohl Vorburg als auch Hauptge-

Das Rathaus von Ptuj

In Celje trifft man auf zahlreiche Skulpturen.

bäude bilden jeweils einen quadratischen Innenhof, in dem gelegentlich Mittelalterfeste veranstaltet werden. Das heute im Stil der Renaissance und des Barocks gehaltene Bauwerk zeigt sich aber auch von innen interessant. Insbesondere die aufwändigen Decken- und Wandmalereien bestechen durch eine Farbvielfalt.

Über die E 57 wäre es jetzt ein Leichtes, nach Celje zu gelangen. Doch auf dem Weg dorthin locken noch zwei Abstecher, die man ab der Ausfahrt Slovenske Konjice erreicht. Da wäre zum einen das **Kartäuserkloster Seiz** (Žička) in einem kleinen Seitental (Parkplatz: 46.309806, 15.395111). Zu Hochzeiten beherbergte das Kloster eine Bibliothek mit mehr als 2000 Büchern, die damit zu den größten Bibliotheken Europas zählte. Die Anlage besteht aus mehreren Bauten und wird von einer Mauer mit mehreren Türmen umschlossen. Die Klosterkirche im Inneren ist nur mehr Ruine. Mehrere kleine Dauerausstellungen können in den historischen Räumlichkeiten genauso besichtigt werden wie 60 000 Flaschen Weiß- und Rotwein in den Gewölben des umfangreichen Weinkellers. Zu erreichen ist der friedvolle und ruhige Ort inmitten der bewaldeten Hügellandschaft über die Straße 686.

HOCHTECHNOLOGIE MITTEN IM DORF

Der zweite Abstecher führt ab der Autobahnausfahrt zunächst über die Straße 430 in die entgegengesetzte Richtung. Rund fünf Kilometer hinter Slovenske Konjice erreicht man an einem Kreisverkehr den Abzweig nach **Vitanje** und folgt diesem. Zum Kreisverkehr könnte man auch ab dem Kloster fahren und so beide Abstecher miteinander kombinieren. Das ist aber nur mit kleineren Wohnmobilen zu empfehlen, da die eigentlich kurze Verbindungsstrecke besonders bei Gegenverkehr etwas beschwerlich ist.

Bei der Zufahrt auf der Straße 431 erblickt man als Erstes die nicht zu übersehende Dorfkirche, die zentral auf einem Hügel errichtet wurde. Und das Dorf wäre ansonsten kaum der Rede wert, wenn da nicht ein Gebäude durch seine Architektur besonders auffallen würde. Es wirkt beinahe so, als wäre hier ein Ufo gelandet, und so ganz abwegig ist dieser Gedanke nicht, denn hier in dieser malerischen Landschaft geht es um

das Thema Raumfahrt. In dem kreisrunden, silbernen Gebäude des **Noordung-Centers** wird auf moderne und virtuelle Weise die Raumfahrt erläutert. Hologramme, virtuelle Brillen und ein 360°-Erlebnisraum gehören zur Grundausstattung der Ausstellung. Warum das futuristische Gebäude, das auch als Kulturzentrum genutzt wird, in einem eher traditionellen Dorf errichtet wurde? Der Grund ist denkbar schlicht: Die Großeltern von Herman Potočnik lebten hier. Die Büste zu Ehren dieses Raumfahrttheoretikers konnten wir bereits vor der Universität von Maribor sehen.

Auf den Straßen 693 und 430 erreichen wir südwärts schließlich die drittgrößte Stadt Sloweniens, **Celje**. Celje hat mehrere Sehenswürdigkeiten zu bieten. Dazu gehört einerseits die Altstadt, die sich am nördlichen Ufer des Flusses Savinja erstreckt, und andererseits die gleichnamige Burg. Diese ist jedoch nicht Teil der Altstadt, sondern erhebt sich auf einem bewaldeten Berg am südlichen Stadtrand. Dort scheint sie majestä-

Für den Besuch von Celje sollte man sich Zeit nehmen.

SPECIAL

HERMAN POTOČNIK

In Pula, im heutigen Kroatien, wurde 1892 Herman Potočnik geboren. Damals gehörte die Region noch zur Doppelmonarchie Österreich-Ungarn, weshalb er Militärschulen der K.-u.-k.-Armee besuchte und in Wien studierte. Dort verfasste Potočnik Mitte der 1920er-Jahre ein Buch mit dem Titel *Das Problem der Befahrung des Weltraums – der Raketenmotor*. Schon damals schrieb er von geostationären Satelliten, die in 36 000 Kilometern Höhe über der Erde schweben sollten. Mit seinen Beschreibungen dürfte er Wernher von Braun inspiriert haben, der als Raketeningenieur berühmt wurde und als Wegbereiter der Raumfahrt gilt. Potočnik, der das Buch unter dem Pseudonym Noordung verfasste, war damit seiner Zeit voraus und erlangte einen deutlich geringeren Bekanntheitsgrad. Das dürfte allerdings auch damit zusammenhängen, dass das Buch zunächst ins Russische und erst 1999 von der NASA ins Englische übersetzt wurde. Herman Potočnik starb im Alter von 36 Jahren an Lungenentzündung.

Abstecher nach Vitanje
Noordung-Center
20 km
Celje
Schloss, Altstadt
Ziel

Die größte Burgruine
Sloweniens: die Burg Celje

Grandios ist der Ausblick von der Burg Celje …

tisch das Tal zu überwachen, in dem der kleine Fluss Voglajna in die Savinja mündet.

Gleich neben dem zentralen Großparkplatz in der Altstadt (46.228750, 15.260222) ragen die mächtigen Mauern des **Fürstenhofs** der Grafen von Cilli auf, wie die Stadt früher hieß. Er wurde im 14. Jahrhundert errichtet und markiert den westlichen Zugang zur Altstadt. Im Fürstenhof ist auf zwei Etagen eine Ausstellung eingerichtet, in der über den Aufstieg und den Untergang der Cilli-Dynastie berichtet wird. Zu sehen sind auch mehrere Schädel der Fürsten. Im Keller und unterhalb des Burghofs erstreckt sich außerdem eine archäologische Ausgrabungsstätte mit Fundstücken aus dem antiken Celeia, die als Stadt unter der Stadt bezeichnet wird. Hier hat man die Möglichkeit, der 2000 Jahre alten Geschichte von Celje im wahrsten Sinne des Wortes auf den Grund zu gehen.

Weitere Ausstellungen und **Museen** innerhalb der Altstadt befassen sich teilweise mit moderneren Sammlungen. So kann man zum Beispiel in der Razlagova ulica 5 das Fotoatelier Pelikan aufsuchen, benannt nach dem örtlichen Fotografen Josip Pelikan, dessen Atelier aus der Wende zum 20. Jahrhundert noch im Originalzustand erhalten ist. Ein klein wenig ungewöhnlicher ist hingegen die Zahnarztsammlung, die alte medizinische Geräte zur Zahnbehandlung zeigt. Nicht auslassen sollte man die dunkle Geschichte der Naziherrschaft. Das Gefängnis Stari pisker wurde 1941 von der Gestapo übernommen, die in den Räumlichkeiten fast 400 Erschießungen vornahm. In einem Gedenkraum wird ausführlich über die damalige Zeit berichtet.

ZU BESUCH AUF DER BURG CELJE

Bei einem Rundgang durch die Altstadt erreicht man am östlichen Ende, gleich gegenüber dem Bahnhof, die Touristeninformation, die zu den sehenswerten Gebäuden der Altstadt, wie zum Beispiel dem mächtigen Wasserturm, wertvolle Tipps bereithält. Zwischen Altstadt und Bahnhof erstreckt sich außerdem nicht nur ein weiterer großer

Parkplatz (46.226139, 15.267333), sondern auch der Fußweg entlang des Flusses zum Highlight der Stadt. Anstatt auf einer anstrengenden Wanderung kann man die Burg Celje auch mit dem Wohnmobil erreichen (46.219056, 15.273389).

Die Geschichte dieser größten Burgruine Sloweniens reicht bis in das 12. Jahrhundert zurück. Damals war sie Stammsitz der Adelsfamilie Cilli, die mit der Ermordung des letzten männlichen Nachkommens, Ulrik II., bereits im 15. Jahrhundert ausstarb. Über den Einfluss der Familie auf die europäische Politik und über die Verbindungen zu den anderen Adelshäusern der damaligen Zeit informiert das in der Burg untergebrachte Museum. Berichtet wird auch über die tragische Liebesgeschichte zwischen dem Adeligen Friderik II. und der von ihm verehrten Veronika Deseniška. Sie wird in der Stadt gerne mit der berühmten Geschichte von Romeo und Julia verglichen. Denn Veronika passte aus Sicht von Frideriks Vater nicht zum angesehenen Ruf der Dynastie. Um die Liebelei der beiden zu unterbinden, wurde der Sohn enterbt und in den 23 Meter hohen Burgturm gesperrt, während Veronika ermordet wurde. Daher wird der Burgturm noch heute als Friedrichsturm bezeichnet und das Café im Inneren der Burganlage heißt nicht ohne Grund Kavarna Veronika.

Vom Turm genießt man einen herrlichen Ausblick auf die hügelige und waldreiche Landschaft südlich von Celje wie auch auf die Stadt selbst. Die stattlichen Burgmauern erlebt man außerdem bei einem Spaziergang über den hölzernen Wehrgang, der dort weitere Ausblicke ermöglicht. Gegenüber dem Savinja-Tal sieht man ebenfalls bewaldete Hügel, die als **Stadtwald von Celje** bezeichnet werden. Diesen kann man bei einer Wanderung ab dem Ufer erkunden. Dabei wird man unweigerlich auf das Baumhaus stoßen, das im Wald versteckt liegt. Das umfangreiche Bauwerk befindet sich in mehreren Metern Höhe in den Wipfeln der Bäume und kann kostenlos besichtigt werden. Es dient vor allem als Plattform für kulturelle Veranstaltungen, Workshops und Ausstellungen.

... sowohl in die eine als auch in die andere Richtung.

PRAKTISCHE HINWEISE

TOURISTENINFORMATIONEN

TIC Lendava
Kranjčeva ulica 4, 9220 Lendava,
Tel. +386 1 2009883

TIC Jeruzalem
Jeruzalem 9, 2259 Ivanjkovci,
Tel. +386 2 7194545

TIC Ptuj
Mestni trg 4, 2250 Ptuj,
Tel. +386 2 7796011

STELLPLÄTZE

S 400 Wohnmobilstellplatz Dobrovnik
(S. 173/F3) Dobrovnik 299,
9223 Dobrovnik
GPS-Daten: 46.668833, 16.339722
Einfacher Stellplatz auf Schotter in einem waldreichen Tal und unterhalb der Staumauer vom See Bukovniško. 40 Wohnmobile finden hier bequem Platz und es gibt eine Ver- und Entsorgungsstation. Auf dem angrenzenden Parkplatz kann es tagsüber wegen der Lage im Naherholungsgebiet schon mal etwas rummeliger werden. Guter Ausgangspunkt für kleinere Wanderungen oder Radtouren in den Wäldern nördlich von Dobrovnik.

S 401 Wohnmobilstellplatz Turnišče
(S. 173/E4) Ulica Štefana Kovača 18,
9224 Turnišče
GPS-Daten: 46.618611, 16.320083
Zwischen Wohnhäusern gelegener, kostenloser Parkplatz mit Ver- und Entsorgungsstation. Kein Urlaubsort, aber für eine Zwischenübernachtung hilfreich. Gute Anbindung an die Autobahn A 5 (Ausfahrt 10) und mit dem Rad kann

Modern gestaltet ist der Stellplatz bei Ptuj.

Kleiner Campingplatz hinter einem Privathaus in Celje

man auch gut zum Orchideencenter und zu den Tropenhallen fahren (ca. 3 km Entfernung).

S 402 Wohnmobilstellplatz Odranci
(S. 173/E5) Mladinska ulica 2–4,
9233 Odranci
GPS-Daten: 46.588500, 16.273139
Auf einem größeren Parkplatz an einer Hauptstraße und gegenüber von einem Friedhof sind zwei Parkflächen als Stellplatz ausgewiesen. Die Ver- und Entsorgungssäule ist jedoch leider nicht zuverlässig. Der Ort Odranci befindet sich ungefähr fünf Kilometer Luftlinie nordwestlich der Schiffsmühle auf der Mur entfernt.

S 403 Wohnmobilstellplatz Ljutomer
(S. 173/E5, 180/D2) Mota 76,
9240 Ljutomer
GPS-Daten: 46.555528, 16.219611
Abgelegener und ruhiger geht es kaum. Nördlich von Ljutomer erreicht man wieder das Ufer der Mur. Doch schon kurz davor gibt es kleine Angelteiche in einem Wald, an denen man angeln darf. Gegenüber vom Clubhaus des Angelvereins befindet sich außerdem eine Gaststätte, wo man nicht nur gut einkehren kann, sondern auch übernachten darf. Die Zufahrt erfolgt zum Teil über einen einfachen Schotterweg.

S 404 Wohnmobilstellplatz Mala Nedelja
(S. 172/C6, 180/C2) Moravci v Slov. goricah, 9243 Mala Nedelja
GPS-Daten: 46.514056, 16.052472
Moderner Stellplatz an einer großen Therme, die sich selbst Glamping Sun Village nennt. Am Stellplatz gibt es Strom, Ver- und Entsorgung. Die Zufahrt auf den Platz ist mit einer Schranke geregelt und die Anmeldung erfolgt an der Rezeption des Hotels.

S 405 Wohnmobilstellplatz Jeruzalem
(S. 172/D6, 180/D3) Jeruzalem 9,
2259 Ivanjkovci
GPS-Daten: 46.476111, 16.187556
Auf dem Parkplatz der Touristeninformation darf übernachtet werden. Man erhält für die Toilette einen Schlüssel (jedoch nur von 10–17 Uhr). Toller Ausblick über die Weinberge, ruhige Lage. Kein Strom und keine Ver- und Entsorgung.

S 406 Wohnmobilstellplatz Ormož
(S. 180/D4) Ob ribniku 1,
2270 Ormož
GPS-Daten: 46.405694, 16.158972

Grillplatz auf dem Campingplatz in Celje

Einfacher Übernachtungsplatz an einem Fischteich (Angelverein) am östlichen Ortsrand. Ver- und Entsorgungsstation sind vorhanden.

S 407 **Wohnmobilstellplatz Ormož**
(S. 180/D4) 15 Vinarska ulica, 2270 Ormož
GPS-Daten: 46.406167, 16.155194
In der Nähe eines Freibads und unweit der Altstadt. Kommunaler Stellplatz mit zwei Stellflächen und einer Ver- und Entsorgungsstation in ruhiger Lage.

S 408 **Wohnobilstellplatz Zabovci (Ptuj)** (S. 180/B4) 2281 Zabovci
GPS-Daten: 46.395500, 15.918194
Sehr schöner und beliebter Platz mit sieben Stellflächen auf Asphalt, die durch einen Grünbereich voneinander abgetrennt sind. Erstaunlicherweise kostenlos, mit Strom und vorhandener Ver- und Entsorgung. Absolut ruhige Lage am Ostufer des Ptujsko-Sees südlich von Ptuj. Über einen Weg entlang eines Kanals gelangt man mit dem Fahrrad nach fünf Kilometern in die schöne Altstadt.

S 409 **Wohnmobilstellplatz Ptuj**
(S. 180/A4) Pot v Toplice, 2250 Ptuj
GPS-Daten: 46.422556, 15.853194
Einfacher Stellplatz mit Ver- und Entsorgung am Rande eines Schotterparkplatzes und in unmittelbarer Nachbarschaft zur Therme und gegenüber vom Campingplatz.

S 410 **Wohnmobilstellplatz Kidričevo**
(S. 179/H3) Cesta v Njiverce, 2325 Kidričevo
GPS-Daten: 46.404889, 15.798944
Einfacher Übernachtungsplatz neben einer kleinen Gastronomie in einem unbedeutenden Ort zwischen Ptuj und Slovenska Bistrica.

S 411 **Wohnmobilstellplatz Celje**
(S. 178/D5) Campingausrüster AC Glavan, Gaji 45, 3000 Celje, Tel. + 386 3 5415199, https://ac-glavan.si
GPS-Daten: 46.243917, 15.302167
Definitiv kein Urlaubsort, da in einem Gewerbe- und Industriepark gelegen.

Jedoch gut für den Notfall, da sich der Platz (Schranke) direkt vor einem Campingladen inkl. kleiner Werkstatt befindet.

S 412 **Wohnmobilstellplatz Celje (Mestni Park)** (S. 178/C5)
Partizanska cesta 3, 3000 Celje
GPS-Daten: 46.225472, 15.262083
Ideale Lage vor einer Sporthalle am südlichen Ufer der Savinja. Über die nahe Fußgängerbrücke ist man in wenigen Minuten in der Altstadt. Alternativ kann man von hier aus auch zu Fuß zur Burg oder zum Baumhaus. Strom vorhanden.

CAMPINGPLÄTZE

C 413 **Camping Terme Lendava**
(S. 173/G5) Tomšičeva ulica,
9220 Lendava, Tel. +386 2 5774100,
www.sava-camping.com
GPS-Daten: 46.551833, 16.458694
Etwas unkoordinierter Campingplatz am Rande eines Hotelresorts mit Freibad und Thermalanlage. Festgelegte Stellflächen gibt es nicht, daher wirkt es teilweise unaufgeräumt. Aber es ist alles vorhanden, was der Camper benötigt, und man hat Blick auf die Weinberge. Den Aussichtsturm kann man über einen zweieinhalb Kilometer langen Fußweg erreichen.

C 414 **Camping Terme Ptuj** (S. 180/A4)
Pot v Toplice 10, 2250 Ptuj,
Tel. +386 2 7494580,
www.sava-camping.com
GPS-Daten: 46.422583, 15.854528
Großer Campingplatz mit umfangreicher Ausstattung direkt neben der Therme und ganz in der Nähe des Drau-Ufers. Nach 20 Minuten Fußweg ist man in der Altstadt von Ptuj.

C 415 **Camping Celje** (S. 178/C5)
Zadobrova 37a, 3211 Škofja vas,
Tel. +386 41 726516,
www.camping-celje.com
GPS-Daten: 46.262750, 15.298139
Einfacher Campingplatz, den man entdecken muss. Er befindet sich auf der Wiese hinter einem schlichten Wohnhaus nördlich von Celje. In die Altstadt sind es rund sechs Kilometer auf dem Fahrrad. Die Besitzer des Campingplatzes betreiben außerdem ein kleines Lokal, nur Barzahlung möglich. Duschen klein, aber sauber und schön. Ruhige Lage.

Am südlichen Flussufer befindet sich ein einfacher Stellplatz.

5 TRAUMHAFTE FLUSSLANDSCHAFTEN UND VIEL KULTUR

Von Celje in die slowenische Hauptstadt

Bevor wir die südslowenische Landschaft Bela krajina entlang der Grenze zu Kroatien kennenlernen, führt die Reise zu Kurorten wie Rogaška Slatina und Podčetrtek, wo zugleich ein sehenswertes Kloster begeistert. In den bewaldeten Hügeln des Kozjanski-Parks besuchen wir die Drachenburg und erreichen später wieder die Save. Die Altstadt von Novo mesto und die drei Kirchen von Rosalnice laden erneut zum Verweilen ein, dann steuern wir das Wohnmobil durch das abgelegene und ruhige Kolpa-Tal am gleichnamigen Fluss. Besonders hierfür sollte man viel Zeit mitbringen, denn das Tal ist viel zu schön, um einfach nur durchzufahren. Sehenswert sind auch die Innenstädte von Kočevje und Ribnica, ehe wir schließlich die lebhafte Altstadt von Ljubljana erreichen.

Grüne Weiten im Südosten

Absolut sehenswert: der Bierbrunnen

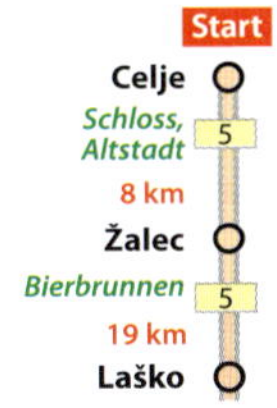

Celje bietet gleich mehrere Möglichkeiten, die Stadt zu verlassen. Die Hauptrichtung in dieser Route führt nach Südosten. Doch zunächst wagen wir einen kleinen Abstecher in das nur wenige Kilometer weiter westlich gelegene Städtchen **Žalec**. Rund um die Stadt sowie in weiten Teilen der Savinja-Ebene sieht man immer wieder Hopfenfelder. Selbst wenn man in der falschen Jahreszeit unterwegs ist, erkennt man diese bekanntlich an den Befestigungsmöglichkeiten, an denen der Hopfen im Laufe der Saison hochwachsen wird. Weil der Hopfen für die Stadt eine besondere Bedeutung hat, hat man ihm zu Ehren den Bierbrunnen Zeleno zlato ins Leben gerufen. Zeleno zlato lässt sich mit »grünes Gold« übersetzen, was auf die Farbe des Hopfens zurückgeht.

PROST AM BIERBRUNNEN

In einer Grünanlage im Stadtzentrum (46.252056, 15.163778) sind mehrere Sitzbänke rund um einen öffentlichen Brunnen aufgestellt, dessen Form eine Hopfendolde symbolisiert. An ihm kann man sich während der Öffnungszeiten jederzeit bedienen. Vorab muss man jedoch einen Bierkrug für wenige Euro in der Touristeninformation oder am Shop Zeleno zlato erwerben. Der Krug ist mit einem Chip versehen, der dann den Zapfhahn aktiviert und das grüne Gold fließen lässt. Wer will, probiert sich auf diese Weise durch jeweils 100 Milliliter fünf verschiedener Biersorten, von denen in der Tat sogar eine grün ist. Die Biere stammen alle aus unterschiedlichen slowenischen Brauereien.

Der Bierbrunnen ist von April bis Oktober aktiv. Wer außerhalb der Öffnungszeiten am Brunnen steht, wird sich fragen, wo denn die Zapfhähne sind. Sie werden täglich um zehn Uhr aus dem Boden des Brunnens gefahren. Selbst das ist ein interessantes Schauspiel, denn der Techniker richtet jeden Tag den Bierbrunnen aufs Neue ein. Mit ein paar Fingertipps auf seinem Tablet fährt er die Zapfanlage im wahrsten Sinne des Wortes hoch, danach testet und reinigt er die Armaturen und zu guter Letzt probiert er den Geschmack der Biere. Gleich im Anschluss kann man es ihm gleichtun, wobei zehn Uhr am Morgen ein wenig früh für den Biergenuss ist. Wer sich aber in den Nachmittagsstunden am grünen Gold gütlich tun möchte, kann gleich rund um den Brunnen in einer der Strandliegen Platz nehmen und den Tag gemütlich ausklingen lassen. Der einfache Wohnmobilstellplatz ist ja auch nur zwei Straßen entfernt.

ROUTE 5

START- UND ENDPUNKT
Celje und Ljubljana

STRECKEN
überwiegend Landstraßen

STRECKENLÄNGE
ca. 370 Kilometer

FAHRZEIT
3 bis 4 Tage

BESTE JAHRESZEIT
Mai bis Oktober

Von einer Brauerei geprägt ist auch die nächste Ortschaft auf unserer Tour. Das Bier heißt so wie die Stadt, in der es gebraut wird: **Laško**. Das Unternehmen wurde bereits 1825 gegründet, aber 190 Jahre später, also im Jahr 2015, vom niederländischen Konzern Heineken aufgekauft. Um die Stadt zu erreichen, fahren wir zunächst zurück nach Celje,

Rogaška Slatina empfängt als Kurort seine Gäste.

wo wir an der großen innerstädtischen Ampelkreuzung auf die Straße 5 wechseln und dabei dem Tal der Savinja unterhalb der Burg Celje folgen.

Laško steht nicht allein für Bier, sondern ist auch ein beliebtes Reiseziel, wenn es um Thermen und Wellnessurlaub geht. Und schon die Fahrt durch das Savinja-Tal ist einfach nur entspannend. Auf der gut ausgebauten Landstraße fühlt man sich beinahe in ein deutsches Flusstal versetzt. Sanfte, bewaldete Hügel rechts und links des Flusses erinnern an Flusslandschaften wie am Main, an der Altmühl und bei einigen Felsgebilden nördlich von Krško sogar an das Elbsandsteingebirge.

Auf unserem Weg passieren wir die Ortschaft **Sevnica**, gut zu erkennen an der Burg, die im 14. Jahrhundert am linken Flussufer auf einem Hügel errichtet wurde. Vier Rundtürme flankieren die Ecken der relativ kleinen Anlage, in der sich heute ein Regionalmuseum befindet und die einen schönen Ausblick ermöglicht. Sevnica ist zugleich der Ort, aus dem eine der bekanntesten Sloweninnen stammt – Melania Trump.

SPECIAL

MELANIA TRUMP

Geboren wurde die ehemalige First Lady der USA zwar im April 1970 in Novo mesto, doch aufgewachsen ist Melania Knavs in Sevnica. Dort arbeitete ihre Mutter als Schneiderin, weshalb Melania und ihre Schwester schon immer besser gekleidet waren als ihre Mitschüler. Bereits im Alter von fünf Jahren nahm Melania an einer Modenschau in Ljubljana teil. Nach ihrem Schulabschluss im Jahr 1989 zog sie für ein Studium nach Ljubljana, gleichzeitig hatte sie zu dem Zeitpunkt schon einige Fotoshootings hinter sich und startete ihre Karriere als Model. Das Studium brach sie ab und nach einigen Laufsteg-Tätigkeiten in Europa kam Melania nach New York, wo sie ihren späteren Ehemann Donald Trump kennenlernte. Gemeinsam waren sie nur ein einziges Mal in Melanias Heimatland, als nämlich ihre Eltern im Jahr 2002 ihren 35. Hochzeitstag am Bleder See feierten. Der Milliardär blieb jedoch nur wenige Stunden.

Laško
Save-Tal 5
30 km
Sevnica
Burg
Alternativroute
ab Celje auf Straße 107
35 km

Pegasus ist das Wahrzeichen von Rogaška Slatina.

Alternativroute
ab Celje auf Straße 107
35 km
Rogaška Slatina
Kurpark, Pavillon
9 km
Podčetrtek
Therme, Kloster Olimje, Chokolaterie 219 684 423
25 km
Kozjansko

ALTERNATIVROUTE

Statt der einfach zu befahrenden Strecke am Flussufer entlang zu folgen, kann man Celje auch zunächst nach Osten verlassen und durch eine nicht minder schöne Landschaft reisen. Auf der Straße 107 durchquert man Šentjur und zweigt später nach **Rogaška Slatina** ab. Der Kurort kurz vor der kroatischen Grenze ist bereits ab Celje ausgeschildert, was die große Bedeutung der Ortschaft unterstreicht. Der lang gestreckte Kurpark wird von prachtvollen Jugendstilgebäuden flankiert, in denen unter anderem das Grand Hotel untergebracht ist. Dieses ist nicht nur von außen sehenswert, sondern präsentiert im Inneren einen beeindruckenden Kristallsaal. Schon seit mehr als einem Jahrhundert wird dieser glanzvolle Saal für Konzerte und traditionelle Bälle genutzt.

Am nördlichen Ende des Kurparks befindet sich ein überschaubarer Pavillon, der von weiteren Kurhotels – allerdings in modernerer Bauweise – umgeben ist. Zu den weiteren Sehenswürdigkeiten von Rogaška Slatina gehört das Museum Anin dvor hinter den Hotels am Pavillon. In dem modernen Bauwerk wird die traditionelle Geschichte der Glasbläser von Rogaška Slatina vorgestellt. Diese reicht bis in das 17. Jahrhundert zurück und mündet in die Entstehungsgeschichte der hier ansässigen Kristallglasfabrik, die ihre qualitativ hochwertigen und zerbrechlichen Produkte zumeist für das Ausland herstellt.

Stilecht trinkt man aus den hier hergestellten Gläsern das Mineralwasser Donat Mg, das in Rogaška Slatina abgefüllt wird. Das Kürzel Mg wurde einst an den Namen gehängt, um den hohen Anteil an Magnesium im Wasser hervorzuheben. Entdeckt wurde das stark mineralisierte Wasser zu Beginn des letzten Jahrhunderts, als Rogaška Slatina bereits Kurort war. Der Legende nach war der griechische Gott Apollon von dem Wasser sehr angetan, weshalb er auf jeder Flasche des Unternehmens abgebildet ist. Zuvor soll es aber das geflügelte Pferd Pegasus gewesen sein, das bei einem Flug über Slowenien hinweg mit einem Huf gegen den Berg schlug und dabei die Quelle des Mineralwassers freilegte. Um auch dieser Legende gerecht zu werden, steht am südlichen Ende des Kurparks eine Pegasus-Skulptur.

KRÄUTER AM KLOSTER OLIMJE

Über eine schmale Landstraße verlässt man den Ort nach Süden und reist durch eine lieblich wirkende Landschaft mit sanften Hügeln im Grenzgebiet zu Kroatien. Beinahe parallel fährt man zur Grenze, bis man bei **Podčetrtek** einen kleinen Grenzübergang erreicht. Doch noch viel auffälliger ist die futuristisch gestaltete Thermenanlage gleich gegenüber. Leider ist das Parken für Wohnmobile auf dem hauseigenen Parkplatz untersagt, weshalb man sich für den Besuch der Therme entweder auf dem Campingplatz am Spaßbad Aqualuna einquartiert oder den Besuch mit einem längeren Spaziergang verbindet. Kurze Zeit später folgt nämlich der Bahnhof von Podčetrtek mit weiteren Parkplätzen. An den beiden dortigen Kreisverkehren befindet sich die Touristeninformation des Ortes und man sieht von dort sehr schön auf die etwas höher gelegene Burg Podčetrtek.

Der Ort selbst ist übrigens mehr unter dem leichter auszusprechenden Namen **Olimje** bekannt, was jedoch streng genommen nur ein Ortsteil ist. Dieser befindet sich drei Kilometer weiter westlich und beherbergt ein kleines, aber sehenswertes Kloster (46.150028, 15.562361). Das **Minoritenkloster** ging aus einer Burg des 16. Jahrhunderts hervor und wurde nach der Umwandlung zu einem Kloster um die Klosterkirche erweitert. Die auffallend grau-weiße Fassade der Anlage ist ein Blickfang und ein beliebtes Fotomotiv. Nach eigener Aussage beher-

Sehenswert ist auch das Kloster Olimje.

Moderner Kreisverkehr an moderner Therme bei Olimje

Da möchte man gleich reinbeißen.

Kozjansko Regionalpark
677
Schloss Drachenburg
5
47 km
A2
Otočec
Burg
6 km
Novo Mesto

bergt das Kloster die drittälteste Apotheke Europas.

Vor dem Kloster erstreckt sich an einem kleinen Hang ein Kräutergarten mit zahlreichen Pflanzen, die nicht nur zweibeinige Besucher anlocken, sondern auch zahllose Bienen. Gleich oberhalb des Kräutergartens steht ihr Bienenstock. Alles in allem ein idyllischer Ort in abgelegener Lage.

Auf den schmalen Landstraßen 219, 676 und 220 gelangt man ebenfalls wieder in das Save-Tal nach **Krško**. Dabei durchquert man den **Regionalpark Kozjansko**, der als Biosphärenreservat der UNESCO geschützt wird und unter anderem von Streuobstwiesen geprägt ist. Im Herzen des Parks befindet sich die Ortschaft **Podsreda** mit der gleichnamigen Burg, die auch als Drachenburg bezeichnet wird. Sie entstand Mitte des 10. Jahrhunderts als romanische Anlage und präsentiert sich heute in prachtvoller Schönheit. Weiß getünchte Wände umgeben einen kleinen Innenhof mit Kopfsteinpflaster, während sich weit oberhalb zwei Loggien in den Innenhof öffnen. Gleich gegenüber zeigt sich wiederum eine Fachwerkfassade. Die eher schlichten Räume beherbergen interessante Ausstellungen, welche die Geschichte der Drachenburg sowie die Geologie und die Naturräume des Regionalparks veranschaulichen.

SPECIAL

SCHOKOLADE FÜR NASCHKATZEN

Bei einem Besuch des Klosters kommen speziell Süßmäuler voll und ganz auf ihre Kosten: Folgt man dem schmalen Weg vom klösterlichen Kräutergarten über den Bachlauf hinweg, gelangt man nach wenigen Schritten zu einem größeren Gebäude, das man unbedingt betreten sollte. Schon im Hausflur weht dem Gast der Duft von frischem Kakao um die Nase und zwei kleine Verkaufsräume bieten eine umfangreiche Auswahl an köstlichen Schokoladenprodukten. Unbedingt empfehlenswert!

KLEINE BURG AUF EINER FLUSSINSEL

Für welche Route man sich auch entschieden hat, ob nun für die schnellere Strecke durch das Save-Tal oder für den Weg durch den Regionalpark mit Besuchen in Kurparks und Klosteranlagen – südlich von Krško gelangen wir schließlich auf die Autobahn 2 und fahren wieder etwas flotter in Richtung Westen. Während der kurzen, nur rund 20

Kilometer langen Autobahnfahrt erscheint linker Hand am Horizont der Gebirgszug des Gorjanci. Er bildet die Grenze zwischen Kroatien und Slowenien und wird von kroatischer Seite als Žumberak-Gebirge bezeichnet. Gut zu erkennen ist der höchste Berg, der 1178 Meter hohe Trdinov vrh, an seinem weithin sichtbaren Sendeturm, der 1986 errichtet wurde. Auf kroatischer Seite des Berges, in dortiger Landessprache als Sveta Gera bezeichnet, erstreckt sich ein weitläufiger Naturpark.

Bevor wir Novo mesto erreichen, lohnt es sich, die Autobahn an der Ausfahrt 28/Kronovo zu verlassen, die Autobahn zu queren und sich am folgenden Kreisverkehr rechts zu halten. Hinter der Tankstelle an der Straße 448 befindet sich der Fluss **Krka** mit einer kleinen sehenswerten Insel. Das Eiland ist durch zwei Brücken mit beiden Ufern verbunden. Leider verbietet ein Hinweisschild das Parken mit dem Wohnmobil neben der Brücke. Doch ein wenig abseits am anderen Ende des Parkplatzes scheint es zumindest geduldet zu sein. Von dort hat man ohnehin den besseren Blick, vor allen Dingen auf die kleine **Burg Otočec**, die sich auf dem Eiland befindet. Kleine Rundtürme umgeben das dreistöckige Bauwerk, in dem heute ein Luxushotel und ein exklusives Restaurant untergebracht sind. Westlich der Burg erstreckt sich ein kleiner, aber gemütlicher Park, in dem sich die Krka herrlich auf einer der Parkbänke genießen lässt.

Auf einem Hügel erhebt sich die Burg Sevnica ...

während sich die Burg Otočec auf einer Insel befindet.

Die »Skyline« von Novo Mesto

RUNDGANG DURCH NOVO MESTO

Nur noch ein Katzensprung ist es jetzt von Otočec bis in das nahe gelegene und größere Städtchen **Novo mesto**. Sein historischer Kern wird ebenfalls von der Krka umflossen, die hier eine Schleife bildet. Einen besonders schönen Blick auf die Altstadt hat man von der Brücke, welche die weniger interessante Neustadt mit dem Zentrum verbindet. Gleiches gilt für das südliche Flussufer, wo es praktischerweise einen Parkplatz (45.801250, 15.165833) gibt. Über die Brücke begibt man sich automatisch in den Kern der Altstadt, der aus dem lang gestreckten Platz **Glavni trg** besteht.

Die Brücke wirkt aus heutiger Sicht recht unspektakulär, doch während ihrer Bauphase Ende des 19. Jahrhunderts galt sie als fortschrittlich, gewagt und mit ihrer Eisen- und Nietenkonstruktion als selten in der damaligen K.-u.-k.-Monarchie. Am nördlichen Brückenkopf des 75 Meter langen Bauwerks ist ein historisches Motiv aus der Zeit der Bautätigkeit angebracht. Der in jüngerer Zeit erst umgestaltete Platz gleich hinter der Brücke ist heute autofrei. An ihm entlang reihen sich einige Geschäfte und Einkehrmöglichkeiten mit Außenterrasse. Das Flanieren stellt sich daher als entspannend heraus und ist bis zum oberen Ende möglich, wo einige Marktstände ihre Waren feilbieten.

Durch eine kleine Seitenstraße auf der rechten Seite gelangt man zur Franziskanerkirche, die mit ihrer neugotischen Fassade Aufmerksamkeit verlangt. Sie entstand als Klosterkirche der Franziskaner, die im 15. Jahrhundert aus Bosnien vor den heranrückenden türkischen Truppen flüchteten. Der Bau des Klosters und der Kirche dauerte einige Jahrhunderte und war zwischenzeitlich durch einen verheerenden Stadtbrand unterbrochen. Daher ist die Schauseite im Stil der Neogotik erst Mitte des 19. Jahrhunderts entstanden. Deutlich älter ist die Bibliothek des Klosters. Sie umfasst mehr als 20 000 Werke.

GEISTLICHES UND WELTLICHES

Auf der linken Seite des Platzes steigen die abzweigenden Straßen sanft an und führen zur Kathedrale bzw. Kapitelkirche von Novo mesto. Auf dem Weg dorthin passiert man

Novo Mesto
Altstadt
29 km
105
Rosalnice

Auch diese Altstadt ist einen Besuch wert.

noch den Unterstand für den unregelmäßig stattfindenden und überdachten Gemüsemarkt Tržnica. Die Kirche steht etwas außerhalb der Fußgängerzone am höchsten Punkt des Stadtzentrums. Schon im frühen 15. Jahrhundert gab es hier eine kleine Kirche, die später deutlich vergrößert wurde. Auch für diesen Ausbau benötigte man wegen der Angriffe der Türken und wegen des Stadtbrandes fast eineinhalb Jahrhunderte. Der Glockenturm ist sogar noch ein wenig jünger als die neogotische Fassade an der Klosterkirche und stammt aus dem Jahr 1860.

Eine Besonderheit der Kirche bemerkt man sofort beim Betreten durch die schräg angesetzte Glastür. Sie hat einen sogenannten Achsknick, wie ihn viele mittelalterliche Kirchen aufweisen: Chor und Langhaus stehen nicht in einer geraden Linie zueinander. Das führt in diesem Fall dazu, dass Gläubige, die hinten links im Kirchenschiff sitzen, keinen Blick auf den Altar haben.

Für Wohnmobilfahrer interessant sein dürfte die Tatsache, dass in Novo mesto 1965 der erste Wohnwagen der Firma Adria gebaut wurde. In den frühen 1980er-Jahren ergänzte man das Portfolio mit den Prototypen der ersten Adria-Wohnmobile, die auf einer Messe in Belgrad vorgestellt wurden. Heute ist Adria ein etablierter Hersteller von Wohnwagen und Reisemobilen und stellt neue Fahrzeuge in der Regel auf dem Caravan Salon in Düsseldorf vor. Als Individualtourist kann man das Werk am westlichen Stadtrand jedoch leider nicht besichtigen.

Um den Altar sehen zu können, muss man ein wenig um die Ecke blicken.

In Rosalnice stehen gleich drei Kirchen nebeneinander.

GLEICH DREI KIRCHEN NEBENEINANDER

Wie schon von Celje aus kann man die slowenische Hauptstadt Ljubljana auch von Novo mesto recht leicht erreichen. Doch wer wie wir die Ruhe und Einsamkeit von Südslowenien genießen möchte und noch Lust auf etwas unbekanntere Sehenswürdigkeiten verspürt, verlässt Novo mesto in südliche Richtung auf der Straße 105. Damit erreichen wir die Region **Bela krajina**, auf Deutsch Weißkrain. Es wird vermutet, dass der Name der Region entweder auf die zahlreichen Birken zurückgeht, die dort im Grenzgebiet zu Kroatien wachsen, oder auf die oftmals weiße Tracht der Bevölkerung. Denn die Ortschaften in der Region sind für ihre Folklore und für das heimische Handwerk in ganz Slowenien bekannt. Einen guten Einblick in die Historie von Bela krajina und die Lebensweise der Südslowenen erhält man im Museum Belokranjski in **Metlika**, der ersten nennenswerten Stadt auf dem Weg von Novo mesto (45.651194, 15.317361).

Sie sind alle von einem einzigen Friedhof umgeben.

Zu den wichtigsten Denkmälern und Bauten der Bela krajina gehören die Kirchen **Tri fare** (45.651889, 15.338333). Diese befinden sich im nahe gelegenen Dorf **Rosalnice** und bestehen aus drei kleinen, direkt nebeneinander gebauten Gotteshäusern, die einen gemeinsamen Kirchhof besitzen und ebenfalls gemeinsam von einer einzigen Mauer umgeben sind. Erste Kirchen an dieser Stelle wurden Ende des 12. Jahrhunderts von den Tempelrittern errichtet, fielen jedoch den Angriffen der Türken zum Opfer. Die mittlere der heutigen drei Kirchen ist die jüngste und trägt als einzige einen Kirchturm. Die älteste steht nördlich und wurde Ende des 14. Jahr-

Das Kolpa-Tal lässt sich auch auf dem Wasser bereisen.

hunderts erbaut. Die umfangreichen Wandfresken zeigen Szenen aus dem Alten und Neuen Testament. Sie wurden erst Mitte des 19. Jahrhunderts angefertigt. Man sollte sich beim Besuch der Tri fare auch Zeit für einen Gang über den Friedhof nehmen. So findet man zum Beispiel an der Fassade der rechten Kirche einen alten Grabstein mit einer deutschen Inschrift aus der Mitte des 19. Jahrhunderts.

IM MALERISCHEN TAL DER KOLPA

Südlich von Metlika und Rosalnice verläuft der kleine Fluss Kolpa und bildet die Grenze zwischen Slowenien und Kroatien, wo er als Kupa bezeichnet wird. Der fast 300 Kilometer lange Fluss mündet auf kroatischer Seite in die Save. Auch wenn der Fluss zum Teil mit PCB belastet ist, bietet er zahlreiche Bademöglichkeiten (z. B. 45.494694, 15.050167) und bildet vor allen Dingen ein malerisches Tal, das wir auf der Straße 919 und später 918 durchqueren können. Die Landstraße ist nicht besonders breit und überwiegend einspurig. Doch der Verkehr in der abgelegenen Region ist überschaubar und so kann man den geringen Gegenverkehr gut vorbeilassen. Die Zahl der Picknickplätze und Rastplätze im **Kolpa-Tal** ist eher begrenzt, doch hat man einen von ihnen erreicht, fühlt man sich gleich weit ab von jeglichem touristischen Rummel. Trotzdem sieht man hin und wieder Touristengruppen, die mit Schlauchbooten an einer geführten Tour auf dem Wasser teilnehmen.

Doch leider ist auch hier nicht alles rosarot. Neben der bereits erwähnten PCB-Belastung, die durch einen Zufluss verursacht wird, wurde das Tal auch von den politischen Entscheidungen der letzten Jahre beeinflusst. Im Zuge der Flüchtlingskrise im Jahr 2015 ließ man stellenweise einen Zaun am Ufer errichten, der seinen oberen Abschluss in Stacheldraht findet. Dieser Zaun, der Flüchtlinge über die Balkanroute abhalten soll, ist nicht nur in der lokalen Bevölkerung stark umstritten. Zum einen protestieren die örtlichen Touristiker, die den aufkeimenden Tourismus gefährdet sehen, zum anderen weisen Naturschutzverbände darauf hin, dass ein derartiger Zaun am Ufer des Flusses auch eine Behinderung für den Wildwechsel darstellt.

Rosalnice
Drei Kirchen/Tri Fare 919
80 km 918
Bela kranjia
Kolpa-Tal, Schloss Kostel 106
23 km
Kočevje

Stolz erhebt sich das Schloss Kostel über dem Tal.

Deutlich weiter westlich mündet die Straße 918 in die Straße 106, in die wir scharf rechts abbiegen. Nach kurzer Fahrt erreichen wir den Abzweig zum **Schloss Kostel**. Die enge Zufahrt zum Parkplatz (45.507806, 14.905167) ist zum Teil steil und nicht für größere Wohnmobile geeignet. Dennoch sollte man sich, wenn möglich, den Besuch der zweitgrößten Burganlage des Landes nicht entgehen lassen, wenn man in der Nähe ist und es gerade Wochenende ist. Die Burg Kostel, die sich über dem zuvor durchquerten Tal auf einem bewaldeten Felsen erhebt, kann nämlich nicht unter der Woche besichtigt werden. Der Grund hierfür ist die Abgeschiedenheit und das somit geringe touristische Interesse, was man in dieser ruhigen und dennoch malerischen Umgebung deutlich spürt.

STADTBESICHTIGUNGEN AUF DEM WEG NACH LUBLJANA

Kočevje
Stadtzentrum, Wälder rund um die Stadt
106
16 km
Ribnica
Altstadt
106
46 km
Ljubljana

Auf der zweispurigen Landstraße 106 fahren wir schließlich wieder nach Norden. **Kočevje** heißt die nächste größere Ortschaft, die sich in einer weitläufigen, hügeligen Waldlandschaft befindet. Auf touristischen Hinweisschildern sieht man bei der Anfahrt immer wieder Bären abgebildet und in der Tat sind in der Umgebung von Kočevje mehrere Braunbären heimisch. Die Waldregion ist Teil des internationalen UNESCO-Weltnaturerbes mit der Bezeichnung »Alte Buchenwälder und Buchenurwälder der Karpaten und anderer Regionen Europas«. Einem Bären wird man aber sicherlich nicht begegnen, trotz der zahlreichen Radwege und Wandermöglichkeiten, die sich in den Wäldern rund um Kočevje befinden.

Auffallend groß ist die zweitürmige Kirche St. Bartholomäus, die sich direkt am Ufer der Rinža erhebt. Sie wurde zu Beginn des letzten Jahrhunderts errichtet. Architekt war der aus Baden-Württemberg stammende Friedrich von Schmidt, der auch für zahlreiche Kirchen in Deutschland und hier vor allen Dingen in Nordrhein-Westfalen verantwortlich zeichnete. Die Pfarrkirche von Kočevje zählt zu den größten Sakralbauten des Landes. Der schönste Blick auf die kleine Stadt mit der großen Kirche bietet sich aber zweifellos vom gegenüberliegenden Flussufer (45.640722, 14.861778). Abgesehen von

der Kirche hat man das Zentrum von Kočevje relativ schnell durchquert.

Ähnlich schnell ist man durch den nächsten Ort **Ribnica** spaziert. Dennoch sollte man hier ebenfalls einen kleinen Aufenthalt einplanen. Auch diese örtliche Kirche ist im Verhältnis zur Ortschaft auffallend groß. Gleich hinter der Kirche verläuft ein kleiner Bach, den man über eine Steinbrücke überquert, um zur malerischen Burg von Ribnica zu gelangen. Die einstige Wasserburg wurde in der zweiten Hälfte des 13. Jahrhunderts erstmals namentlich erwähnt und beherbergt heute ein kleines Museum für Folterinstrumente und für regionale Handwerkskunst. In den Sommermonaten finden in dem Schlosspark kulturelle Veranstaltungen bzw. Konzerte statt.

Einladend wirkt auch der kleine Ort Kocevje, ...

... gleiches gilt auch für Ribnica.

Über der Hauptstadt thront die Burg.

ANKUNFT IN DER SLOWENISCHEN HAUPTSTADT

Auf der Straße 106 erreichen wir Ljubljana von Süden aus. Die Stadt gehört zu den europäischen Hauptstädten, die weitgehend zentral im Land liegen. Sie ist zwar die größte im Land, doch mit ihrer Bevölkerungszahl von rund 290 000 Einwohnern würde sie im deutschen Vergleich in etwa mit Augsburg oder Wiesbaden konkurrieren.

Ljubljana liegt im sogenannten **Ljubljansko barje**, was übersetzt so viel wie Laibacher Moor bedeutet. Diese Tiefebene inmitten des Landes entstand vor rund zwei Millionen Jahren und bestand bis vor rund 3500 Jahren zum Teil aus einem See, der dann austrocknete. Bei Ausgrabungen fand man Pfahlbauten, die darauf schließen lassen, dass die Ufer bereits vor 5500 Jahren besiedelt waren. Illyrische Stämme und Venezianer waren die nächsten, die sich im Bereich des heutigen Ljubljana ansiedelten. Später folgten Römer mit der Kolonie Emona. Doch erst mit den Franken, die das Gebiet im 9. Jahrhundert unter ihre Herrschaft nahmen, begann die eigentliche Geschichte der Stadt. Zum ersten Mal wurde Mitte des 13. Jahrhunderts von ihr berichtet. Nur wenige Jahrzehnte später fiel die im deutschen Sprachraum als Laibach bezeichnete Stadt an die Habsburger und wurde zur Hauptstadt des Herzogtums Krain.

Ihre Zugehörigkeit zum Kaisertum Österreich wurde ab 1809 nur wenige Jahre unterbrochen, als die Region an das Franzöische Kaiserreich fiel. Es folgte die K.-u.-k.-Monarchie, die seit dem Ende des Ersten Weltkriegs nicht mehr existiert. In der Folge gehörte die Stadt zum neu gegründeten Königreich Jugoslawien, wurde im Zweiten Weltkrieg von den Italienern und später den Nazis besetzt. Nach Kriegsende war Ljubljana Hauptstadt der Sozialistischen Republik Slowenien, die wiederum Teil Jugoslawiens war. Mit der Ausrufung der Unabhängigkeit Sloweniens am 25. Juni 1991 begann am Tag darauf der sogenannte 10-Tage-Krieg, der wiederum den Beginn der späteren kriegerischen Auseinandersetzungen im auseinanderfallenden Jugoslawien markiert.

Im Jahr 2002 war die Stadt im Mittelpunkt der Weltöffentlichkeit, als sich Vladimir Putin und George W. Bush zu einem Gip-

Ljubljana
Altstadt, Schloss
Ziel

feltreffen in Ljubljana trafen. 2025 sollte die Stadt eigentlich als Europäische Kulturhauptstadt gefeiert werden. Aber innerhalb Sloweniens konnte sich Nova Gorica durchsetzen. Doch in der Tat bietet Ljubljana jede Menge Kultur und Sightseeing, obwohl die Altstadt verhältnismäßig klein ist. Diese erstreckt sich rechts und links des kleinen Flusses Ljubljanica, der auf mehreren Brücken überquert werden kann. Die bedeutendste oder besser im Plural: die bedeutendsten sind die **Tromostovje**. Dabei handelt es sich um drei Fußgängerbrücken, die aufgrund ihrer Nähe zueinander als eine einzige Brücke betrachtet werden. Die Tromostovje gelten als eines der Wahrzeichen der Stadt und sind nicht nur Mittelpunkt der Altstadt, sondern mit dem angrenzenden Prešerenplatz ein beliebter Treffpunkt bei Einheimischen und Besuchern. Von hier aus gelangt man schnell zu anderen Sehenswürdigkeiten in der Stadt.

Flanieren zwischen Tradition und Moderne

KULTUR

JOŽE PLEČNIK UND DIE DREI BRÜCKEN

1872 kam Jože Plečnik in Ljubljana, damals Laibach, zur Welt. Eigentlich sollte er auf Wunsch seines Vaters den elterlichen Tischlerbetrieb übernehmen. Stattdessen lernte er in Wien, u.a. an der Akademie der bildenden Künste, und entwarf dort einige noch heute bestehende Gebäude. Später ernannte Tomáš Masaryk, damals Staatschef der Tschechoslowakei, Plečnik zum Architekten der Prager Burg und beauftragte ihn mit der Umgestaltung. Auch in seiner Heimatstadt wurde Plečnik tätig und zeichnete z. B. verantwortlich für den Bau der National- und Universitätsbibliothek. Sein bekanntestes Werk dürfte aber Tromostovje sein. Da die an der Stelle existierende Brücke für den Verkehr zu eng wurde, erweiterte Jože Plečnik sie mit den beiden benachbarten Übergängen. Die Bedeutung Plečniks zeigt sich auch auf der Rückseite der slowenischen 10-Cent-Münze. Zu sehen ist dort ein Bauwerk, das als slowenisches Parlament ursprünglich in die Burg von Ljubljana integriert werden sollte. Jože Plečnik liegt auf dem Zentralfriedhof begraben – der ebenfalls nach seinen Plänen erweitert wurde.

Den Mittelpunkt der Altstadt bilden der Prešerenplatz …

ALTSTADTERKUNDUNG

Der berühmte **Prešerenplatz** wird von mehreren schön restaurierten und sehenswerten Häusern umringt. Am auffälligsten ist die Franziskanerkirche am Nordrand des Platzes, die auch als Mariä-Verkündigungskirche bezeichnet wird. Sie gab dem Platz einst seinen Namen als Marienplatz, bevor er nach dem slowenischen Nationaldichter umbenannt wurde. Das Gotteshaus entstand Mitte des 17. Jahrhunderts als frühbarockes Bauwerk mit zwei Seitenschiffen.

Gleich rechts daneben befindet sich das sogenannte Urbanc-Haus, benannt nach dem Händler Felix Urbanc, der hier ein dreistöckiges Warenhaus errichten ließ. Die Fassade zum Platz hin ist gerade einmal etwas mehr als fünf Meter breit, doch innen präsentiert sich das Kaufhaus als luxuriöser Einkaufstempel namens Emporium-Galerie mit einer sehenswerten Eingangshalle, die von den Treppen in den zweiten Stock dominiert wird. Das war nicht immer so, denn das einstige im Jugendstil errichtete Bauwerk wurde nach dem Zweiten Weltkrieg beschlagnahmt und die Erben von Felix Urbanc enteignet. In der Zeit Jugoslawiens befand sich zwar auch ein Kaufhaus im Gebäude, doch verfiel es immer mehr. Nach der Unabhängigkeit wurde die Urbanc-Familie entschädigt und man begann im neuen Jahrtausend mit einer umfangreichen Renovierung.

Am Rande des Prešernov trg, wie der Platz auf Slowenisch heißt, erhebt sich das Standdenkmal zu Ehren des Nationaldichters France Prešeren. Die vom Platz abzweigenden Straßen führen in den moderner gestalteten Bereich der Altstadt, unter anderem in verschiedene Einkaufsstraßen, aber auch über die Wolfova ulica zum großen **Kongresni trg**. Der Kongressplatz besteht zu zwei Dritteln aus einer Grünanlage, die genauso zum Verweilen und Genießen einlädt wie einige Straßencafés am Rande. Das südliche Drittel des Platzes ist eine Art versiegelter Freiplatz, auf dem Veranstaltungen stattfinden und der an seinem Rand vom Hauptgebäude der Universität flankiert wird. An seinem westlichen Ende erhebt sich das Ursulinenkloster mit der Dreifaltigkeitskirche, die zu Beginn des 18. Jahrhunderts erbaut wurde. Auffällig an der Kirche ist im Inneren, dass sie nicht wie die meisten baro-

cken Kirchen mit Wandfresken versehen wurde, sondern ihre Wände relativ schlicht erscheinen. Dennoch beherbergt sie einige sehenswerte Kunstwerke wie zum Beispiel den großen aus Marmor bestehenden Altar.

Da Ljubljana im Jahr 1895 von einem schweren Erdbeben getroffen wurde, hat sich das Stadtbild zur damaligen Zeit stark gewandelt. Das gilt sowohl für den Kirchturm am Ursulinenkloster, der daraufhin abgerissen und neu gebaut werden musste, als auch für das Urbanc-Haus. Felix Urbanc erwarb nämlich nach dem Erdbeben die Grundstücke dreier eingestürzter Häuser, um das Kaufhaus errichten zu können.

ÜBER DIE TROMOSTOVJE-BRÜCKEN ZUM MARKT

Zurück zum Prešerenplatz sollte man nun endlich auch die Tromostovje-Brücken und damit den Fluss Ljubljanica überqueren. Gleich am anderen Ufer geht man nach links und betritt den **zentralen Marktplatz** von Ljubljana, der – wie kann es anders sein – von Jože Plečnik entworfen wurde. Er besteht aus einem kleineren und einem größeren Platz, unterbrochen wird das Ensemble von einer Markthalle. Zum Markt gehören auch die lang gestreckten Kolonnaden direkt am Ufer der Ljubljanica. Das werktägliche Markttreiben bietet alles, was man sich unter gesunder Kost vorstellen mag. Neben den üblichen Produkten erhält man auch Obst und Gemüse von lokalen Höfen aus der Region. Mittwochs wird ein ökologischer Markt abgehalten, doch besonders spannend ist wird es an den Freitagen zwischen Mitte März und Ende Oktober.

... und die Brücken Tromostovje.

Die Ljubljanica fließt durch die Altstadt.

Am Mestni trg befindet sich der Robba-Brunnen.

Dann findet die sogenannte offene Küche (Odprta kuhna) statt, bei der zahlreiche Gastronomen und slowenische Köche vielfältige Gerichte zubereiten und man sich gar nicht entscheiden kann, wo man zuerst schnuppern und probieren möchte. Lediglich bei schlechtem Wetter muss auf die offene Küche verzichtet werden.

Neben der Brücke Mesarski most, die am Marktplatz ebenfalls den Fluss überquert, erreicht man am hinteren Ende des Marktes eine weitere: Zmajski most. Diese **Drachenbrücke** und ihre Drachenskulpturen sollte man unbedingt aufsuchen. Denn es heißt, man habe Ljubljana erst dann besucht, wenn man sich mit den Drachen auf der Brücke fotografieren ließ. Ein Selfie mit einem der Drachen geht natürlich auch. Wie so vieles in Ljubljana wurde auch die Drachenbrücke im Jugendstil entworfen. Es waren aber nicht immer Drachen, die die Brückenköpfe zierten, sondern ursprünglich geflügelte Löwen.

VON DER KATHEDRALE ZUM RATHAUS

Südlich der Markthalle erhebt sich unübersehbar die **Kathedrale** von Ljubljana. Sie wurde zu Beginn des 18. Jahrhunderts erbaut, ist aber nicht das erste Gotteshaus an diesem Platz. Bereits Mitte des 13. Jahrhunderts, kurz nach der ersten namentlichen Erwähnung der Stadt, stand hier eine Basilika im Stil der Romanik. Diese erhielt einige Änderungen und Erweiterungen und fiel vermutlich den heranrückenden Türken zum Opfer. Die heutige Kirche präsentiert sich mit zahlreichen Kunstwerken und barocken Fresken. Neben den Gemälden an den Wänden und Säulen sind insbesondere die Fresken am Deckengewölbe und in der Kuppel sehenswert. Beeindruckend sind auch die beiden Bronzetore am Haupt- und am Nebeneingang. Letzteres zeigt die Porträts der Bischöfe des vergangenen Jahrhunderts, während am Hauptportal die Geschichte der Slowenen dargestellt wird.

Die Kathedrale besitzt keinen Vorplatz, vielmehr verläuft die Fußgängerzone an der Kirche vorbei und geht in den Stadtplatz Mestni trg über. Er ähnelt einer breiten Straße, wird von mehreren Straßencafés gesäumt und vom Rathaus auf der linken Seite dominiert. Das **Rathaus** wurde im späten 15. Jahrhundert erbaut. Von seiner ursprünglichen Form ist jedoch nach zahlreichen Umbauten und Erweiterungen nicht viel geblieben.

Nur wenige Meter vom Rathaus entfernt zieht der Robbov vodnjak die Blicke auf sich. Man kennt ihn auch als **Robba-Brunnen** oder »Brunnen der drei Krainer Flüsse«. Der aus Venedig stammende Barockbildhauer Francesco Robba ließ sich bei der Gestaltung vom Vierströmebrunnen in Rom inspirieren. Anstatt vier Flüssen sind es hier jedoch drei Gewässer, die auf dem Stadtplatz symbolisiert werden: Save, Ljubljanica und Krka. Daher ist sowohl der Grundriss als auch die Stele, die aus dem Brunnen ragt, dreieckig. Am unteren Ende befinden sich drei Götter, die symbolisch jeweils das Wasser eines der genannten Flüsse ausgießen.

Francesco Robba schuf auch den Narziss-Brunnen im kleinen Innenhof des Rathauses sowie einen Altar in der Kathedrale und einen Altar in der Franziskanerkirche am Prešerenplatz. Der Brunnen der drei Krainer Flüsse war sein letztes Werk. Anschließend zog er nach Zagreb, wo er 1757 verstarb.

Flanieren, einkehren und genießen – das bietet Ljubljanas Zentrum.

LJUBLJANAS SCHLOSS

Auf dem weiteren Weg durch die Altstadt verjüngt sich der Mestni trg und geht in den kleineren **Stari trg** über. Hier, am Alten Platz, sollte man sich vor dem Herkulesbrunnen links halten und wenig später vor der Kirche links abbiegen. Nun folgt man dem Kopfsteinpflaster in der steil aufwärts führenden Gasse, um die Hauptsehenswürdigkeit Ljubljanas zu erreichen – das Schloss, das man bereits vom Prešerenplatz aus gut erkennen konnte und das auf einem Hügel oberhalb der Altstadt das Stadtbild prägt. Genauso wie man das Schloss von unten erblicken kann, bietet sich auch umgekehrt ein schöner Ausblick vom Aussichtsturm hinweg über die Festungsanlage und die Stadt.

Das Schloss entwickelte sich aus einer mittelalterlichen Festung, die vermutlich schon im 11. Jahrhundert erbaut wurde. In späteren Jahrhunderten wurde die Anlage als Sitz der Herren von Krain genutzt. Heute beherbergt das Schloss zwei Restaurants, eine Ausstellung über die slowenische Geschichte und ein Puppentheater-Museum. Selbstverständlich kann das Schloss auch im Rahmen einer Führung besichtigt werden. Der Innenhof, ein interessanter Mix aus alten Burgmauern und moderner Architektur, wird im Sommer regelmäßig für kulturelle Veranstaltungen genutzt. Wer den kurzen Aufstieg zum Schlosshügel meiden möchte, kann die **Standseilbahn** benutzen. Sie startet am Platz Krekov trg gegenüber dem zentralen Marktplatz.

Eine ganz andere Aussicht auf Ljubljana, nämlich mit Blick auf das Schloss, erhält man vom **Nebotičnik**. Das slowenische Wort bedeutet nichts anderes als »Wolkenkratzer«. Heute würde man einen Bau mit zwölf Etagen wohl kaum mehr als Wolkenkratzer bezeichnen, doch bei seiner Fertigstellung im Jahr 1933 war der Nebotičnik das höchste Gebäude auf dem gesamten Balkan und nur ganze acht Bauwerke in Europa ragten höher in die Lüfte. Beeindruckend ist der Blick hinab in die Wendeltreppe, aber eben auch auf die Stadt. Letzteres besonders am Abend, wenn man gemütlich auf der Außenterrasse des Restaurants sitzt, das im Dach des »Wolkenkratzers« untergebracht ist. Natürlich muss man nicht die Wendeltreppe benutzen, sondern man kann auch bequem mit dem Fahrstuhl zur Aussicht fahren.

PRAKTISCHE HINWEISE

TOURISTENINFORMATIONEN

TIC Žalec
Šlandrov trg 25, 3310 Žalec,
Tel. +386 3 7100434

TIC Laško
Valvasorjev trg 1, 3270 Laško,
Tel. +386 3 7338950

TIC Krško
Cesta krških žrtev 46, 8270 Krško,
Tel. +386 7 4902220

TIC Rogaška Slatina
Zdraviliški trg 1, 3250 Rogaška Slatina,
Tel. +386 3 5814414

TIC Podčetrtek (Olimje)
Škofja Gora 1, 3254 Podčetrtek,
Tel. +386 3 8109013

TIC Novo mesto
Glavni trg 11, 8000 Novo mesto,
Tel. +386 7 3939263

Picknickplätze findet man ständig.

TIC Metlika
Trg svobode 4, 8330 Metlika,
Tel. +386 7 3635470

TIC Kočevje
Trdnjava 3, 1330 Kočevje,
Tel. +386 3 1699600

Rokodelski center Ribnica
Cesta na Ugar 6, 1310 Ribnica,
Tel. +386 1 8361104

TIC Ljubljana
Adamič-Lundrovo nabrežje 2,
1000 Ljubljana, Tel. +386 1 3061215

STELLPLÄTZE

S 500 **Wohnmobilstellplatz Žalec**
(S. 178/B5) Mestni trg 3, 3310 Žalec
GPS-Daten: 46.254250, 15.162917
Einfacher Stellplatz für vier Fahrzeuge auf einem öffentlichen Parkplatz. Gelegen zwischen Kulturzentrum, Hotel und Sportplatz. Keine fünf Minuten Fußweg zum Bierbrunnen. Ver- und Entsorgung über die in Slowenien weit verbreiteten grünen Entsorgungssäulen.

S 501 **Wohnmobilstellplatz Vrbje**
(S. 178/B5) Vrbje 83, 3310 Žalec
GPS-Daten: 46.240806, 15.153889
Ruhig gelegener Stellplatz, etwas mehr als ein Kilometer südlich der Stadt. Am Bierbrunnen ist man auch von hier in weniger als einer halben Stunde zu Fuß. In die andere Richtung sind es fünf Minuten Fußweg zu einem kleinen schönen See, der bei einem kurzen Spaziergang umrundet werden kann. Nahe ist auch der Fluss Savinja. Es gibt vier durch Bäume voneinander abgetrennte Stellflächen auf Schotter. Im direkten Umfeld ist aber auch Platz für weitere Wohnmobile. Strom sowie Ver- und Entsorgung sind vorhanden. Der Platz kann schon mal

Die Stellplätze und Campingplätze sind immer leicht zu erreichen.

durch Pkws von Tagesbesuchern des Sees belegt sein.

S 502 Wohnmobilstellplatz Laško
(S. 178/C6) Celjska cesta, 3270 Laško
GPS-Daten: 46.163139, 15.232472
Einfacher Stellplatz als Teil des nördlichen Parkplatzes an der Therme. Direkt neben der Straße 5 und am Ufer der Savinja gelegen. Zwölf Parzellen auf Rasengittersteinen, Ver- und Entsorgung sowie Strom über grün-gelbe Tonne gegeben.

S 503 Wohnmobilstellplatz Laško
(S. 178/C6) Zdraviliška cesta, 3270 Laško
GPS-Daten: 46.157806, 15.232028
Ebenfalls einfacher Stellplatz als Teil des südlichen Parkplatzes an der Therme. Schattige Plätze unter Bäumen an einer kleinen Grünanlage, auf der anderen Seite jedoch direkt die viel befahrene Straße 5. Der Platz wird oft von den Pkws der Thermenbesucher belegt. Ver- und Entsorgung sowie Strom über grün-gelbe Tonne.

S 504 Wohnmobilstellplatz Laško
(S. 178/C6) Rimska Cesta 8,
Trg svobode, 3270 Laško
GPS-Daten: 46.153667, 15.232361
Einfacher Stellplatz auf vier engen Asphaltflächen in der Nähe der Tourismusinformation. Eher als Notlösung direkt am Bahnhof zu sehen. Mit einem Gang über die angrenzende Brücke ist man direkt im Ortszentrum.

S 505 Wohnmobilstellplatz Radeče
(S. 185/E2) Trg 15, 1433 Radeče
GPS-Daten: 46.066944, 15.184944
Stellflächen neben einer Pizzeria. Die Größe der Stellflächen richtet sich eher an Pkws und sind für Dickschiffe nicht geeignet. An der Mündung eines kleinen Flusses in die Save, zugleich an der Straße 665. Ver- und Entsorgungsstation sowie Strom via gelb-grüne Tonne.

S 506 Wohnmobilstellplatz Sevnica
(S. 185/G3) Cesta na Grad 17,
8290 Sevnica
GPS-Daten: 46.008750, 15.315139
Simpler Schotterplatz unterhalb des Schlosses und von Bäumen umgeben. Strom und Frischwasser jedoch gegeben.

S 507 Wohnmobilstellplatz Krško
(S. 185/H3, 186/B3) Gunte 8, 8270 Gunte
GPS-Daten: 45.986583, 15.466250
Nur der Vollständigkeit halber. Für eine Zwischenübernachtung nördlich der Stadt okay, aber kein Urlaubsort. Zwei normale Stellflächen eines asphaltierten Parkplatzes können zur Übernachtung genutzt werden. Direkt neben der Brücke, die über die Save

Stellplatz im Kolpa-Tal

verläuft. Keine Ausstattung, aber wenigstens Blick auf die gegenüberliegende Burg Rajhenburg.

S 508 Wohnmobilstellplatz Brestanica
(S. 185/H3, 186/B3) Raztez 1,
8280 Brestanica
GPS-Daten: 46.004917, 15.497694
Herrlich ruhige Lage abseits der Touristenpfade und des Save-Tals. An einem kleinen See in Waldlage mit Restaurant, rund fünf Kilometer nördlich von Krško. Ver- und Entsorgung mittels gelb-güner Tonne gegeben, von einem geschotterten Waldparkplatz abgetrennter Teil.

S 509 Wohnmobilstellplatz Brežice
(S. 186/C4) Prešernova cesta 17–13,
8250 Brežice
GPS-Daten: 45.899667, 15.592194
Liebevoll angelegter Platz für vier Fahrzeuge auf Asphalt. Die Wohnmobile stehen allerdings sehr dicht beieinander. Strom und Ver- und Entsorgung vorhanden, Picknickplätze und ein Kinderspielplatz direkt nebenan. Nur 200 Meter von der sehenswerten Burg Brežice mit kleinem Museum entfernt. Interessant auch der nahe Wasserturm mit seinem Fachwerkaufsatz.

S 510 Wohnmobilstellplatz Šmarje pri Jelšah (S. 179/F5)
Kolodvorska ulica, 3240 Šmarje pri Jelšah
GPS-Daten: 46.231000, 15.513167
Ungefähr auf halber Strecke zwischen Celje und Rogaška Slatina gelegener Platz mit fünf asphaltierten Stellflächen an einem kleinen Stadion. Ruhige Lage, Stellplatz mit Schranke. Strom sowie Ver- und Entsorgung vorhanden.

S 511 Wohnmobilstellplatz Rogaška Slatina (S. 179/G6)
Kamence 19, 3250 Rogaška Slatina
GPS-Daten: 46.201778, 15.623667
Der Stellplatz befindet sich nicht im Kurort, sondern in abgelegener und ruhiger Lage zwischen Rogaška Slatina und Olimje an einem beliebten Ausflugslokal. Spielplatz, Ver- und Entsorgung, gutes Essen und Strom sind vorhanden.

S 512 Wohnmobilstellplatz Podsreda
(S. 186/C2) Straße 423, 3257 Podsreda
GPS-Daten: 46.042944, 15.592139
Direkt am Kalvarienberg. Zwei größere Stellflächen als Teil des Parkplatzes. Keine Ausstattung, aber ideale Möglichkeit, den Kalvarienberg mit Kirche und Kapelle zu erklimmen. Außerdem ist die Drachenburg in einer angenehmen dreiviertelstündigen Waldwanderung gut zu erreichen.
Strom sowie Ver- und Entsorgung mittels gelb-grüner Tonne.

S 513 Wohnmobilstellplatz Novo mesto
(S. 185/E6) Skalickega ulica 3,
8000 Novo mesto
GPS-Daten: : 45.795361, 15.170556
Privat geführter Stellplatz im Garten eines Wohnhauses mit Blick auf die angrenzende kleine Burg Grm. Bis zur Brücke in die Altstadt sind es nur zehn Minuten Fußweg. Ver- und Entsorgung, Strom und ein kleiner Grillplatz sind genauso vorhanden wie ein freundlicher Empfang und Sanitär.

S 514 Wohnmobilstellplatz Kočevje
(S. 190/B3) Trdnjava, 1330 Kočevje
GPS-Daten: 45.644389, 14.871361

Gepflegter Stellplatz auf Asphalt und mit Schranke gesichert. Mitten in einem kleinen Vorort und nur wenige Meter von einem See entfernt. 15 Minuten Fußweg in die Altstadt und guter Ausgangspunkt für Wanderungen in den bewaldeten Höhenzügen rund um Kočevje. Ver- und Entsorgung sowie Strom sind gegeben.

S 515 Wohnmobilstellplatz Turjak
(S. 183/H5) Turjak 17, 1311 Turjak
GPS-Daten: 45.876639, 14.613222
Große Erwartungen sollte man nicht haben: Der einfache Platz dient der Zwischenübernachtung an einer Pizzeria auf halber Strecke zwischen Ribnica und Ljubljana, nicht weit von der Durchgangsstraße 106 entfernt. Ver- und Entsorgung sind gegeben und am Abend lohnt sich ein kleiner Spaziergang zur nahe gelegenen Burg Turjak.

S 516 Camper Stop Vrbinc Ljubljana
(S. 183/G2) Peruzzijeva ulica 105, 1000 Ljubljana, Tel. +386 51 335600, www.camperstopljubljana.com
GPS-Daten: 46.021361, 14.522806
Ganzjährig geöffneter und privat geführter Stellplatz rund drei Kilometer südlich der Altstadt. Der Betreiber bietet einen Taxi-Shuttle für sechs Euro ins Zentrum an. Mit dem Rad lässt es sich aber auch in rund 20 Minuten erreichen und wer gut zu Fuß ist, kommt nach einer guten Dreiviertelstunde ebenfalls in der Altstadt an. Sanitär sowie Ver- und Entsorgung vorhanden. Allerdings sind die Stellflächen sehr eng. An das Ausfahren der Markise braucht man gar nicht erst zu denken.

S 517 Wohnmobilstellplatz Livada Ljubljana (S. 183/G2)
Hladnikova cesta 15, 1000 Ljubljana
GPS-Daten: 46.034889, 14.509083
Der Vollständigkeit halber aufgeführt, aber lediglich ein Asphaltparkplatz neben einer Hauptstraße. Besitzer ist das gegenüberliegende Restaurant, bei dem eine Einkehr obligatorisch ist. Zu Fuß ist man in 15 Minuten in der Altstadt.

Vom Picknickplatz sind es wenige Schritte bis zum Flussufer.

S 518 **Wohnmobilstellplatz Dolgi most Ljubljana** (S. 183/F2)
Dolgi most, 1000 Ljubljana
PS-Daten: 46.037139, 14.465250
Großer Park-&-Ride-Parkplatz, bei dem man auch an Wohnmobilfahrer gedacht hat. Zehn großzügige schräg angelegte und kostenlose Stellflächen auf Asphalt mit Ver- und Entsorgungsstation. Gleich nebenan eine Fahrradvermietstation oder eben die Möglichkeit, mit dem Bus in die Altstadt zu gelangen.

S 519 **Wohnmobilstellplatz Ljubljana**
(S. 183/G2) Parmova ulica, 1000 Ljubljana
GPS-Daten: 46.064556, 14.502028
Eher etwas ungewöhnlicher Stellplatz hinter einem Supermarkt und einem Ärztehaus im Norden der Stadt. Fünf etwas größere Parzellen als Teil eines Parkplatzes. In weniger als einer halben Stunde ist man zu Fuß am Prešerenplatz. Wegen der kuriosen Hinterhoflage direkt neben der Bahnanlage ist der Platz nicht als Urlaubsort zu empfehlen, aber für einen Stadtbesuch ist er ideal. Wer will, kann gleich noch nebenan das Eisenbahnmuseum besuchen. Keine Ver- und Entsorgungsmöglichkeit.

CAMPINGPLÄTZE

C 520 **Camping Park Latkova Vas**
(S. 178/A5) Latkova vas 227, 3312 Prebold,
Tel. +386 41 472496, www.campingpark.si
GPS-Daten: 46.255806, 15.099306
Westlich von Žalec befindet sich die von Gewerbe geprägte Ortschaft Latkova vas. Nahe der dortigen Auffahrt zur Autobahn E 57 erreicht man den gepflegten und freundlichen, voll ausgestatteten Campingplatz. Die Autobahn ist knapp 400 Meter entfernt, dennoch ist es ruhig. Auf der anderen Seite des Platzes fließt die Savinja.

C 521 **Kamp Natura** (S. 179/F6)
Zdraviliška cesta 12, 3254 Podčetrtek,
Tel. +386 3 8297836, www.terme-olimia.com
GPS-Daten: 46.164917, 15.602611
Großer familienfreundlicher Campingplatz mit allen Ausstattungen direkt am Spaßbad Aqualuna.

C 522 **Camping Lovšin** (S. 191/G3)
Križevska vas 64, 8330 Metlika,
Tel. +386 40 726223, www.lovsin.si
GPS-Daten: 45.634389, 15.310056
Abgelegener und ruhiger Campingplatz mit überraschend gepflegter Ausstattung im

Zweckmäßig, aber trotzdem gut ist der Stellplatz in Žalec.

An vielen Plätzen gibt es zahlreiche touristische Hinweise.

Sanitärbereich. Am Ufer des Flusses Kolpa gelegen und damit auch an der Grenze zu Kroatien. Metlika und die drei Kirchen von Rosalnice sind leicht mit dem Fahrrad zu erreichen. Zu Fuß auch in etwas weniger als einer Stunde bei einer Wanderung durch die Felder.

C 523 **Camping Bela krajina** (S. 191/F4)
Škrilje 11, 8332 Gradac, Tel. +387 3069572,
www.kamp-podzemelj.si
GPS-Daten: 45.604528, 15.276028
Großer Campingplatz mit kompletter Ausstattung in ruhiger Lage zwischen Feldern und am Fluss Kolpa.

C 524 **Camp Krasinec** (S. 191/F4)
Krasinec 21, 8332 Gradac,
Tel. +386 40 555183, www.avtokampi.si
GPS-Daten: 45.594417, 15.283917
Lage und Ausstattung ähnlich wie Camping Bela krajina, nur rund einen Kilometer weiter südlich.

C 525 **Kamp Kolpa** (S. 191/F6)
Vinica 19 a, 8344 Vinica,
Tel. +386 7 3064018, www.kamp-kolpa.si
GPS-Daten: 45.458861, 15.254611
Einfacher Campingplatz mit gepflegten Stellflächen und direkter Lage am Flussufer der Kolpa.

C 526 **Glamping Kolpa** (S. 191/E6)
Srednji Radenci 2, 8342 Stari trg ob Kolpi,
Tel. +386 51 205159,
www.kolpa-adventures.com
GPS-Daten: 45.466000, 15.092500
Schöner Campingplatz im Kolpa-Tal, wo man sich gleich auch mal einer Raftingtour anschließen oder sich ein Kanu mieten kann.

C 527 **Kamp Muhvič** (S. 190/D5)
Dol 9, 8342 Stari trg ob Kolpi,
Tel. +386 31 365172,
www.kamp-muhvic.com
GPS-Daten: 45.494667, 15.055833
Einfacher Campingplatz an einer Flussschleife des engen Kolpa-Tals. Überwiegend Festcamper mit wenig ansehnlichen, veralteten Wohnwagen, aber eben auch Platz für Wohnmobile und Zelttouristen.

C 528 **Ljubljana Resort Hotel & Camp**
(S. 183/G1) Dunajska cesta 270,
1000 Ljubljana,
Tel. +386 1 5890130, www.ljubljanaresort.si
GPS-Daten: 46.097556, 14.518833
Großer Stadtcampingplatz mit allem, was man sich von einem Campingplatz wünscht. Großzügige Parzellen zum Teil am Ufer der Save gelegen. Jedoch sechs Kilometer außerhalb der Altstadt, die man entweder per Rad oder mit dem Bus erreicht.

6 KARSTLANDSCHAFTEN, LIPIZZANER UND KÜSTE

Von Ljubljana ans Meer

Auf unserer letzten Etappe lernen wir den Südwesten Sloweniens kennen. Dieser präsentiert sich nicht nur oberirdisch mit Naturschönheiten, sondern auch unter Tage, etwa mit der einstigen Quecksilbermine von Idrija, die auf der Welterbeliste der UNESCO steht. Das gilt ebenfalls für die eindrucksvollen Höhlen von Škocjan. Wer mag, erkundet gleich noch die Höhlen von Postojna auf einer Bahnfahrt und einem Spaziergang. Und weil das Karstgebiet Sloweniens so vielfältig und umfangreich ist, treffen wir in einer Höhle bei Predjama auf eine einmalige Burg. Im Vipava-Tal und der Weinregion Brda entdecken wir mittelalterliche Dörfer und sind zuletzt an der kurzen Küste zwar nicht unterirdisch unterwegs, können uns aber zum Abschluss der Reise an den Badestränden zumindest unter Wasser austoben.

Steintreppen führen zur Kirche von Štanjel.

Im ganzen Land findet man Holzskulpturen wie diese.

Will man von Ljubljana direkt an den schmalen Küstenstreifen Sloweniens fahren, scheint dieser bei einem Blick auf die Karte so nah und über die Autobahn gut erreichbar. Doch dann würde man einiges verpassen. Zugegeben, knapp die erste Hälfte der Strecke kann man gemütlich auf der Autobahn verbringen. Aber schon nach weniger als 50 Kilometern sollten wir die Autobahn verlassen und der Straße 102 zu einem weiteren sehenswerten UNESCO-Weltkulturerbe des Landes folgen.

Idrija ist eine kleine Industriestadt im gleichnamigen Tal, das zu den letzten südöstlichen Ausläufern der Alpen gehört. Etwas abseits des Flusses erstreckt sich die überschaubare Altstadt, die von einer Burg überragt wird. Im Inneren der Festung erläutert das Stadtmuseum die Geschichte von Idrija, die vor allen Dingen von zwei Eigenheiten geprägt ist. Zum einen wäre die 300-jährige Tradition des Klöppelns zu nennen, an die jedes Jahr im August mit dem Klöppelfest erinnert wird. Zum anderen geht das Museum auch auf die Geschichte des hiesigen Quecksilberfundes ein. Ende des 15. Jahrhunderts begann mit der Entdeckung der Abbau von Quecksilber in einem Bergwerk, das rund ein halbes Jahrtausend betrieben wurde. Zusammen mit einer spanischen Quecksilbermine wurde das Bergwerk von Idrija im Jahr 2012 von der UNESCO in die Weltkulturerbeliste aufgenommen. Der älteste Schacht des Bergwerks, der **Antoniusstollen**, ist nur wenige Gehminuten vom Schloss entfernt und befindet sich am Rand der Altstadt. Rund eine Stunde sollte man für die – auch deutschsprachige – Führung im engen Schacht einplanen.

DIE HÖHLEN VON POSTOJNA

Unterirdisch geht es auch zwei Autobahnausfahrten später zu. Denn dort erreichen wir eine der berühmtesten Sehenswürdigkeiten Sloweniens. Bei **Postojna** befindet sich ein 24 Kilometer langes **Höhlensystem**, das zu den größten für Besucher zugänglichen Tropfsteinhöhlen der Welt zählt (45.780639, 14.203000). Gut ein Fünftel hiervon ist freigegeben, wobei man als Höhlenbesucher rund dreieinhalb Kilometer mit einer kleinen Bahn einfährt und anschließend weitere eineinhalb Kilometer zu Fuß unterwegs ist. Die Temperatur liegt in der Tropfsteinhöhle bei konstant zehn Grad Celsius, was man bei einer Besuchsdauer von rund eineinhalb Stunden nicht unterschätzen sollte. Die Mitnahme eines dünnen Pullis ist daher kein Fehler.

ROUTE 6

START- UND ENDPUNKT
Ljubljana und Piran

STRECKEN
Autobahn und überwiegend Landstraßen

STRECKENLÄNGE
ca. 330 Kilometer

FAHRZEIT
3 bis 4 Tage

BESTE JAHRESZEIT
Mai bis Oktober

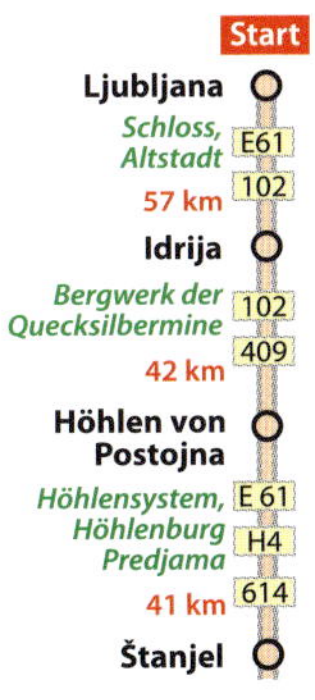

Schon im frühen 13. Jahrhundert wurden die in der – von Karst geprägten – Region vorhandenen Höhlen besucht. In der ersten Hälfte des 19. Jahrhunderts installierte man Licht und Wege. Es gab sogar ein Höhlenpostamt mit echtem Schalter und eigenem Höhlenpoststempel, das 1899 eröffnet wurde. Und auch Geschichten wie die Nibelungensaga und Winnetou wurden hier verfilmt. Doch die eigentlichen Sehenswürdigkeiten sind natürlich die Tropfsteine, die teilweise über 16 Meter hoch sind. Man bedenke dabei, dass ein Tropfstein nur um einen Millimeter pro Jahrzehnt wächst. Genauso lange kann übrigens ein Grottenolm ohne Nahrung überleben. Die kleinen hellen Tiere, die keine Augen besitzen, können bis zu 100 Jahre alt werden und leben ebenfalls in den weit verzweigten Gängen und Hallen der Höhlen. Kein Wunder also, dass die Höhlen von Postojna bisher fast 40 Millionen Besucher anlockten und es oberirdisch geradezu rummelig zugeht. Neben mehreren Großparkplätzen vor dem Höhleneingang gibt es Einkehrmöglichkeiten sowie Ausstellungen zur Entstehungsgeschichte der Höhle und Informationen zum Karst. Im angeschlossenen Vivarium unweit des Höhleneingangs wer-

Beeindruckend ist die Höhlenburg Predjama.

den die unterirdischen Lebewesen gezeigt. Zu den Stars unter den Tieren gehört zweifellos der Grottenolm, der auch als Drachenbaby bezeichnet wird.

Ein Katzensprung ist es von den Höhlen von Postojna zu einer anderen Höhle, die sich in ganz besonderer Weise präsentiert. Nur eine Viertelstunde fahren wir auf der Straße 913 bis zum kostenlosen Parkplatz der sehenswerten **Höhlenburg Predjama**. Einstmals gab es an der Stelle der heutigen Burg nur eine Felswand mit einem weit offenen Höhleneingang. Diese Höhle war nie mit den anderen Karsthöhlen der Region verbunden und galt daher als Höhlenportal. Da sie Schutz vor der Witterung bot, war sie bereits gegen Ende der Steinzeit bewohnt. Im 12. Jahrhundert begann man damit, eine Burg in die Felswand zu bauen und die Höhle zu befestigen. Die Burg war somit nur von einer Seite aus erreichbar und sichtbar – ein idealer Schutz gegen unerwünschte Eindringlinge. Das erkannte auch Raubritter Erasmus von Luegg, der die Burganlage im 15. Jahrhundert für sich in Anspruch nahm und von hier zu seinen Raubzügen aufbrach.

SPECIAL

POSTOJNAS FLÜSSE

Südlich von Postojna bildet die Landschaft ein von sanften Hügeln umgebenes Becken, wo am Rande des kleinen Dorfes Zagorje der Fluss Pivka entspringt. In Richtung Norden fließt er zunächst am gleichnamigen Städtchen Pivka vorbei und zeigt sich auch stark mäandernd an den Parkplätzen und am Wohnmobilstellplatz vor den Höhlen von Postojna. Genau dort verschwindet der Fluss und ist für die Entstehung der Höhlen mitverantwortlich. Auf der unteren Ebene des Höhlensystems fließt er seines Weges und nimmt weitere Karstgewässer auf, unter anderem den kleinen Fluss Unica. Der unterirdische Zusammenfluss von Pivka, Unica und weiteren Wasserläufen wird oft als Ursprung der Ljubljanica bezeichnet. Die Ljubljanica verlässt die Höhlen und fließt später gemächlich durch die slowenische Hauptstadt, wo wir sie beim Stadtrundgang mehrere Male überquert haben. Anschließend mündet sie in die Save.

Štanjel bietet eine ungewöhnliche Kirchturmspitze.

Über ein Jahr lang wurde die Burg von den Mannen des Hauptmanns von Triest belagert, die den Kopf von Erasmus von Luegg forderten. Dies gelang ihnen schließlich, der Legende nach, als der Raubritter zur Toilette bzw. zum Abort ging.

Später wurde die Burg von Predjama weiter ausgebaut und erhielt ihr heutiges beeindruckendes Äußeres. Hinter der Höhlenburg verbirgt sich der Zugang zur eigentlichen Höhle, die sich über vier Etagen erstreckt. Der untere Bereich steht unter Wasser, weshalb man als Besucher die zweite und dritte Etage kennenlernt.

Die Höhlen von Postojna und die Höhlenburg Predjama sind mit Shuttlebussen untereinander verbunden und gehören zum sogenannten Park Postojnska Jama mit mehreren Sehenswürdigkeiten. Dazu zählen zum Beispiel auch die fünf Kilometer entfernte Pivka-Höhle, die man über 300 Stufen erreicht, sowie die Schwarze Höhle. Das Hotel Jama am Eingang zur Postojna-Höhle ist zwar oberirdisch, bietet dennoch Einblicke in das Verborgene, und zwar in die Welt der Geheimdienste. Sie sollen hier zu Zeiten Jugoslawiens aktiv gewesen sein und ein geheimes Kommunikationszentrum betrieben haben, das erst vor wenigen Jahren entdeckt wurde.

IM BREITEN VIPAVA-TAL

Nur ein kurzes Stück fahren wir ab Postojna wieder auf der Autobahn, bis wir auf die Schnellstraße H 4 wechseln. Diese verläuft durch das Vipava-Tal in Richtung Nova Gorica und damit in Richtung italienische Staatsgrenze. Wer nach dem Besuch der Küste am Ende dieser Routenbeschreibung ohnehin vorhat, über Italien den Heimweg anzutreten, kann diesen Abstecher auslassen und ihn am Ende der Reise nachholen. Lohnenswert ist das Vipava-Tal allemal, wobei es weniger um das breite Tal geht als um das, was rechts und links zu sehen ist und was sich am Ende des Tals befindet.

Geprägt ist die Landschaft hier im Westen von Slowenien genauso wie im Osten vom Weinanbau, aber auch von kleinen entzückenden Ortschaften, die sich teilweise ganz mittelalterlich zeigen. Eines von zwei beachtenswerten Örtchen ist zum Beispiel **Štanjel** südlich des Vipava-Tals. Mehrere

Štanjel
Mittelalterdorf
204
25 km
Nova Gorica

Gassen reihen sich hintereinander auf und flankieren die Südseite eines Hügels. Die Hügellage von Štanjel ist strategisch hilfreich und ein Grund, warum die Ortschaft zu den ältesten Besiedlungen im Karst zählt. Weit vor der Antike war der Berg bewohnt, und doch wurde er erst im 15. Jahrhundert mit der heute noch in Teilen bestehenden Stadtmauer befestigt. Gleichzeitig entstanden auch das Schloss und die heutige Kirche des heiligen Daniel. Sie ersetzte eine Vorgängerkirche und wurde mit ihrem ungewöhnlichen Kirchturm zum Wahrzeichen der Ortschaft.

Beliebt ist auch der Besuch des **Ferrarigartens** am östlichen Hang des Hügelortes. Die Besonderheit des Parks liegt jedoch weniger in der Bepflanzung als in dem Wassersystem, das hier vom Architekten Max Fabiani angelegt wurde. Für den Besucher nicht auf Anhieb erkennbar, wird es aus der Ansammlung von Regenwasser oberhalb der Ortschaft gespeist. Eines dieser Sammelbecken wird von einer schönen Brücke im venezianischen Stil überquert.

Wenn bei einer Fahrt durch das Vipava-Tal der Wunsch aufkommt, das Tal auch mal von oben zu betrachten, ist das relativ leicht möglich. Bei **Ajdovščina** kann man zum Beispiel über die Straße 609 deutlich an Höhe gewinnen und mehrere Aussichtspunkte erreichen (45.943778, 13.876444). Darüber hinaus lohnt es sich, das Wohnmobil einmal stehen zu lassen und in die Wanderschuhe zu schlüpfen. Mehrere Wanderwege verlaufen teilweise sehr knapp an der nördlichen Felskante und bieten tolle Panoramen, auch durch von der Natur geschaffene Felsen-

Einkaufen auf Vertrauensbasis

Mittelalterlich zeigt sich Štanjel noch heute.

Zahlreiche kleine Dörfer prägen das Vipava-Tal.

fenster, zum Beispiel durch das Otliško okno nahe der Ortschaft Otlica.

Am Ende des Vipava-Tals befindet sich die Ortschaft **Nova Gorica**. Die Stadt wird durch die Grenze nach Italien bestimmt und entstand auch erst durch selbige. Denn auf der Pariser Friedenskonferenz im Jahr 1946 wurden nicht nur Reparationszahlungen vereinbart, sondern auch Grenzverläufe geregelt. So wurde unter anderem die italienische Stadt Gorizia geteilt und auf jugoslawischer Seite als Neu-Görz (*nova* = neu) bezeichnet. Die Altstadt von Gorizia verblieb auf italienischer Seite und nur ein verhältnismäßig kleiner Teil ging an das heutige Slowenien. Seit dem Beitritt Sloweniens zum Schengen-Abkommen kann die Grenze nun an jeder Stelle innerhalb der Stadt überquert werden, was bis zum Jahr 2007 nicht möglich war. Der Bahnhofsvorplatz von Nova Gorica ist ein besonders schönes Beispiel für das Zusammenwachsen Europas. Dort verläuft die Staatsgrenze über eine kreisrunde Markierung am Boden. Fußgänger und Radfahrer können den Platz ohne Einschränkung überqueren und damit von Land zu Land wechseln. Mit dem Fahrzeug funktioniert das leider nicht.

Ruhige Übernachtung bei Winzern im Lipava-Tal

HISTORISCHE BRÜCKE BEI NOVA GORICA

Die Hauptsehenswürdigkeit von Nova Gorica befindet sich jedoch im Ortsteil Solkan. Im Norden wird dieser vom Fluss Soča begrenzt, der uns bereits auf unserer ersten Route begegnete. Die italienische Bezeichnung für diesen Fluss lautet Isonzo. Hier bei Solkan verlässt er Slowenien, nicht ohne vorher noch ein idyllisches Tal zu bieten und

Majestätisch überspannt die Brücke die Soča.

sich mit der Unterquerung von zwei Brücken zu verabschieden. Die letzte Brücke auf slowenischer Seite ist eher unspektakulär, bietet aber eine tolle Aussicht auf das wieder einmal grün leuchtende Wasser der Soča und vor allen Dingen auf die vorletzte Brücke – die Solkanski most bzw. auf Deutsch: **Salcanobrücke**. Diese gemauerte Bogenbrücke kann nicht betreten werden, da auf ihr der Zugverkehr nach Nova Gorica rollt. Doch die weltweit größte Brücke ihrer Art gibt zusammen mit dem Flusstal ein tolles Bild ab. Um die beeindruckende Szenerie von Weitem zu sehen, steuert man diese Koordinaten an: 45.975028, 13.648444. Wer unterhalb der Burg am Flussufer spazieren möchte (und dort vielleicht in einem kleinen Restaurant einkehren will), parkt das Wohnmobil auf diesem Parkplatz: 45.980472, 13.655083.

Noch weiter westlich wartet in der Weinbauregion zwischen Soča und Italien ein weiteres sehenswertes Dorf darauf, entdeckt zu werden. **Šmartno** kann man über zwei Wege erreichen. Entweder steuert man das Wohnmobil auf der Straße 103 durch das malerische Soča-Tal und fährt wenig später auf der Straße 612 bergauf, oder man überquert die

SPECIAL

SOLKANSKI MOST

Die Steinbogenbrücke über die Soča wurde 1906 nach sechsjähriger Bauzeit fertiggestellt. Eröffnet wurde sie in Anwesenheit von Franz Ferdinand von Österreich-Este, auf den später das Attentat von Sarajevo verübt wurde, das wiederum als Auslöser für den Ersten Weltkrieg gilt. Zur damaligen Zeit gehörte die Region zur Habsburger Monarchie, weshalb das österreichische Eisenbahnministerium der Auftraggeber für den Bau der Brücke war. Ihre Spannweite beträgt 85 Meter und sie ist über 220 Meter lang. Nach dem Ersten Weltkrieg fiel die Brücke an Italien, das die kriegsbedingten Schäden an der Brücke beseitigte. Nach Beendigung des Zweiten Weltkriegs, den es nahezu unbeschadet überstand, gehörte das Bauwerk zu Jugoslawien. Heute gilt die Solkanski most aufgrund ihrer Bauweise als technisches Denkmal Sloweniens.

Auch dieser Aussichtsturm ganz im Westen zeigt sich außergewöhnlich.

bereits erwähnte letzte Soča-Brücke Sloweniens. Diese Strecke beinhaltet das Kuriosum, dass man nach zwei Spitzkehren rund eineinhalb Kilometer auf italienischem Staatsgebiet unterwegs ist, allerdings so, dass man weitere Straßen Italiens nicht erreichen kann. Es gibt auf dem kurzen Stück keine Möglichkeit, die Straße zu verlassen, weshalb man automatisch wieder nach Slowenien einreist. In einem Abkommen über die Entwicklung der wirtschaftlichen Zusammenarbeit hatten Italien und das damalige Jugoslawien im Jahr 1975 den Bau dieser Straße vereinbart, mit der das Hügelland besser an Nova Gorica angeschlossen wurde. Da das Verlassen der Straße unmöglich ist, gibt es keine ehemaligen Grenzhäuschen und keine italienische Zuständigkeit. Zu Unfällen auf diesem Abschnitt kommt die slowenische Polizei.

Brda
Mittelalterdorf Šmartno und Aussichtsturm 402 NSA 55 H4 E61
74 km 940
Höhlen von Škocjan
Höhlensystem 940 205
13 km
Lipica

IM WEINBAUGEBIET BRDA RUND UM ŠMARTNO

Šmartno befindet sich im sogenannten **Görzer Hügelland** bzw. Goriška brda, wo vor allen Dingen die Weißweinsorten Chardonnay, Sauvignon und Burgunder angebaut werden. Der Ort besticht durch ein kleines, gepflegtes Zentrum mit wenigen Gassen, die von einer Festungsmauer umgeben sind. In der liebevoll restaurierten Ortschaft, die ihren Ursprung im 15. Jahrhundert hat, erzählen zahlreiche Informationstafeln die Geschichte der einzelnen Häuser und ihrer Baustruktur. Im Zentrum befindet sich die St. Martinskirche, die man aufgrund der engen Gässchen kaum fotografieren kann. Das schafft man besser von einem der umliegenden Orte und Weinberge und noch schöner vom Aussichtsturm im Nachbarort Gonjače (46.010000, 13.561806). Dieser eigentlich nur aus Treppenstufen bestehende Turm bietet einen tollen Blick über die hügelige Weinregion, den man sich nicht entgehen lassen sollte. Der Ort Šmartno besitzt zwar einen kleinen und engen Parkplatz, doch das Wohnmobil stellt man besser etwas weiter abseits auf dem Parkplatz des Friedhofs (46.006861, 13.556667) ab. Bei einem schönen Blick auf Šmartno überquert man den Friedhof und geht die Treppen hinab in den Ort.

Nach diesem Abstecher durch das Vipava-Tal bis zum Hügelland Brda geht es wie-

der zurück zur Autobahn, die Ljubljana mit der Küste verbindet. Doch bevor wir die Adria erreichen, können wir noch zwei weitere bedeutende Sehenswürdigkeiten aufsuchen. Mindestens ebenso beeindruckend wie die Höhlen von Postojna sind die **Höhlen von Škocjan** (45.662694, 13.988889) im gleichnamigen Regionalpark Škocjanske jame. Beim Besuch der Höhlenwelt, die aus mehreren Hallen besteht, ist man teils auch oberirdisch unterwegs. Denn ein Teil des Höhlensystems stürzte vor rund 100 000 Jahren ein und bildete zwei Dolinen, sogenannte Karsttrichter, die heute überwachsen sind und eine Art Tal bilden. Auf einem Lehrpfad kann man mehr über die Geologie er-

Šmartno liegt mitten in den Weinbergen.

Kirche in Šmartno

Das Lippizanergestüt ist ein riesiges Areal.

fahren und einen Einblick in die Trichter erhalten. Ansonsten ist man im Rahmen einer bis zu zwei Stunden dauernden Führung unterirdisch unterwegs und genießt die verschiedenen Hallen bei einer konstanten Umgebungstemperatur von rund zwölf Grad Celsius. Im Gegensatz zu den Höhlen von Postojna sind die Höhlen von Škocjan als Weltnaturerbe auf der Liste der UNESCO vertreten.

BESUCH DES GESTÜTS LIPICA

Auf der westlichen Seite der Autobahn durchqueren wir schließlich den kleinen Ort Lokev und folgen der Straße 205 in das Dorf **Lipica** (45.668694, 13.884000; Achtung: Die nördliche Anfahrt über die Straße 934 ist für Wohnmobile jeglicher Größe verboten!). Der Ort ist bekannt für das gleichnamige und weitläufige Pferdegestüt, das man mittels Kutsche kennenlernen kann. Außerdem werden Ausritte, Reitstunden und Vorführungen geboten. Nicht nur für Pferdefans ist der Aufenthalt dort ein echtes Erlebnis!

Lipica befindet sich direkt an der italienischen Grenze und wer will, kann für den weiteren Weg auch die kürzere Variante über die SP10 und SS14 durch Italien nehmen. Dann ist man nur kurz in der östlichsten Ecke Italiens unterwegs und erreicht schließlich über die Autobahn die slowenische Küste.

Lipica
Pferdegestüt 205
SP10
SS14
E61
A1
38 km H5
Koper
Altstadt H5
8 km
Izola

SPECIAL

EDLE LIPIZZANER

Der Name der Pferderasse Lipizzaner leitet sich vom Gestüt Lipica ab, wo die Tiere seit dem 16. Jahrhundert gezüchtet werden. Berühmt sind die Lipizzaner zum einen wegen ihrer Fellfarbe, denn über 90 Prozent der Lipizzaner sind Schimmel, was die Pferde elegant wirken lässt. Letzteres sowie die Tatsache, dass diese Tiere gutmütig und doch lebhaft, zugleich gelehrig und ausdauernd sind, führte dazu, dass man sie in der Vergangenheit als Kutsch- und Paradepferde für den habsburgischen Hof verwendete. Besondere Bekanntheit erlangten sie durch ihren Einsatz an der Spanischen Hofreitschule in der Hofburg zu Wien.

Koper bietet nicht nur Mittelmeer-, sondern auch Altstadtflair.

ENTLANG DER KÜSTE NACH PIRAN

Die Küste des Landes erstreckt sich zwischen Italien und dem südlichen Nachbarland Kroatien auf einer Länge von gerade einmal 47 Kilometern. Viel Platz zum Badevergnügen bleibt da nicht, wenn man bedenkt, dass einige Bereiche der Küste aus felsigen Abschnitten bestehen oder der einzige Seehafen Sloweniens mal eben zwei Kilometer Küstenbreite für sich einnimmt. Er ist zugleich der größte Arbeitgeber in der Stadt **Koper**, deren Altstadt sich gleich im Süden davon befindet. Auf der anderen Seite ist Kopers Altstadt von mehreren Gewerbegebieten mit zahlreichen Einkaufsmöglichkeiten, breiten Straßen und Kreisverkehren umgeben.

Die Sehenswürdigkeiten von Koper sind schnell besichtigt. Im Wesentlichen handelt es sich um die aus dem 14. Jahrhundert stammende Kathedrale der Himmelfahrt der Jungfrau Maria im Zentrum der Altstadt. Sie erhebt sich am Titov trg, der an seiner Südseite vom Prätorenpalast begrenzt wird. Mit seiner venezianischen Fassade und den beiden Türmchen ist er ein Jahrhundert jünger und beherbergt heute das Rathaus von Koper. Ein lebhaftes Treiben rund um Kirche und Palast fehlt jedoch mangels Straßencafés. In den Sommermonaten verbringen Einheimische wie Besucher ihre Zeit lieber am kleinen Badestrand, der sich zwischen dem

Zentral gelegen ist der Kirchturm von Koper.

Kleiner Hafen in Izola

Jachthafen und der Promenade auf wenigen Metern Länge erstreckt.

Über die Autobahn oder auch entlang der Küste gelangen wir in den Nachbarort **Izola**. Zwischen beiden Ortschaften verläuft auch ein Küstenradweg, sodass man die wenigen Kilometer genauso gut auf dem Fahrradsattel zurücklegen kann. Der Name Izola steht für eine Insel, auf der sich die heutige Altstadt einst befand. Diese wurde jedoch im Laufe der Jahrhunderte immer mehr mit dem Festland verbunden, sodass heute nur noch der Name an den einstigen Zustand erinnert. Wie schon in Koper ist die Altstadt nett, beschaulich und schön am Meer gelegen, bietet jedoch keine außergewöhnlichen

Einblick in die Kirche von Piran

Abendstimmung in Piran

Sehenswürdigkeiten. Auch hier flaniert man entlang der Promenade oder kehrt dort in einem der Straßencafés ein, um gemütlich dem Treiben im Jachthafen zuzuschauen. Am nördlichen Rand der Altstadt geht diese in eine leicht hügelige Parklandschaft über, die schließlich am Strand endet. Die Ausblicke auf die umliegenden Buchten sind traumhaft und bereiten einen schönen mediterranen Abschluss der Slowenienreise vor.

Doch bevor es so weit ist, bleibt noch der letzte Küstenort Sloweniens. Und ausgerechnet **Piran**, das kleinste der slowenischen Mittelmeerstädtchen, ist am beliebtesten. Rund um den großen Tartinijev trg befinden sich die Gassen der Altstadt, die sich wiederum auf einer Halbinsel in die Adria erstreckt. Während man im südlichen Bereich des Platzes mediterranes Treiben rund um den Jachthafen erlebt, befindet sich nördlich davon eine Klippe, auf der sich die aus dem 17. Jahrhundert stammende Sv.-Jurij-Kirche erhebt. Auch hier ist der Einfluss Veneziens deutlich erkennbar. So galt der berühmte Campanile, der Turm vom Markusdom in Venedig, als Vorbild für den Kirchturm in Piran. Von der Klippe hat man nicht nur einen schönen Blick auf den Golf von Triest, sondern auch einen tollen Ausblick über die Altstadt und über die Bucht von Piran hinweg bis zum Nachbarland Kroatien.

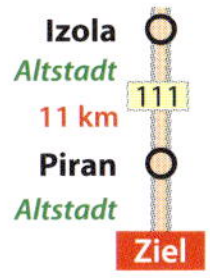

Die Dame markiert den westlichsten Punkt des Landes.

PRAKTISCHE HINWEISE

TOURISTENINFORMATIONEN

TIC Idrija
Prelovčeva ulica 5, 5280 Idrija,
Tel. +386 5 3743916

TIC Postojna
Tržaška cesta 59 a, 6230 Postojna,
Tel. +386 6 4179972

TIC Štanjel
Štanjel 1 a, 6222 Štanjel,
Tel. +386 5 7690056

TIC Nova Gorica
Delpinova ulica 18 b, 5000 Nova Gorica,
Tel. +386 5 3304600

TIC Brda (Šmartno)
Šmartno 13, 5211 Kojsko,
Tel. +386 5 3959595

TIC Škocjan
Škocjan 33, 8275 Škocjan,
Tel. +386 7 3846300

TIC Koper
Pretorska palača, Titov trg 3,
6000 Koper, Tel. +386 5 6646403

TIC Izola
Sončno Nabrežje 4, 6310 Izola,
Tel. +386 5 6401050

TIC Piran
Tartinijev trg 2, 6330 Piran,
Tel. +386 5 6734440

STELLPLÄTZE

S 600 Wohnmobilstellplatz Idrija
(S. 182/B3) Prešernova ulica, 5280 Idrija
GPS-Daten: 45.998722, 14.025722
Privater Hof oberhalb von Idrija, an dem man gut und günstig übernachten kann. Netter Hausherr und toller Ausblick auf das Tal von Idrija. Von hier kann man auch gut zu Fuß hinab in die Ortschaft. Ver- und Entsorgung ist nicht gegeben, nur Übernachtung. Steile Zufahrt und nicht für Dickschiffe geeignet.

S 601 Wohnmobilstellplatz Veliki Otok/ Höhlen von Postojna (S. 182/D6, 188/D1)
Veliki Otok 50, 6230 Postojna
GPS-Daten: 45.780639, 14.203167
Ausreichend große Anzahl an Stellflächen aus Asphalt hinter einer Schranke. Zwischen dem Flüsschen Pivka und der Straße 913 gelegen, dadurch mit Verkehrslärm. Die Lage direkt vor den Höhlen von Postojna macht die Übernachtung allerdings teuer – 20 Euro waren es im Jahr 2021. Strom und Ver- und Entsorgung sind vorhanden.

S 602 Wohnmobilstellplatz Lepa Vida
(S. 181/G4) Osek 4 b, 5261 Šempas,
Tel. +386 41 211778,
https://winetasting.lepavida.wine
GPS-Daten: 45.923056, 13.758333
Sehr freundliches, englischsprachiges Winzer-Ehepaar, das auf seinem Grundstück einen Platz für sechs Wohnmobile zur Verfügung stellt. Strom, Ver- und Entsorgungsmöglichkeiten sind gegeben, Toilette darf genutzt werden (keine Dusche).

Bei Winzern steht man immer ruhig – Weinverkostung inklusive.

Gemütlicher Übernachtungsplatz im Vipava-Tal

Weinverkostungen sind selbstverständlich auch möglich. Die beiden Winzer geben auch gerne Tipps für Besichtigungen in der näheren Umgebung.

S 603 Wohnmobilstellplatz Sežana
(S. 188/A2) nahe der Straße 445, 6210 Sežana
GPS-Daten: 45.710028, 13.877139
Einfacher Stellplatz, der gut für die Durchreise geeignet ist. Strom, Ver- und Entsorgung vorhanden, am östlichen Ortsrand gelegen.

S 604 Wohnmobilstellplatz Koper
(S. 187/G5) Sermin, 6000 Koper
GPS-Daten: 45.537889, 13.737750
Großzügige Parzellen aus Asphalt, Sanitär, Ver- und Entsorgung sowie Strom vorhanden. Der Platz wird mit Schrankenanlage und entsprechendem Kartensystem, das aufgeladen werden muss, betrieben. Ein grundsätzlich gut eingerichteter Platz, für den man aber leider einen falschen Standort gewählt hat. Rund einen Kilometer von der Altstadt entfernt und nicht an der Küste, sondern direkt neben einer Kartstrecke und der Autobahn. Die Geräuschkulisse gleicht entsprechend der eines Autobahnrastplatzes.

S 605 Wohnmobilstellplatz Izola
(S. 187/F5) Cankarjev drevored, 6310 Izola
GPS-Daten: 45.538222, 13.664278
Wenig einladender Übernachtungsplatz am Rande eines Großparkplatzes und direkt neben einer Straße. Für den Notfall oder für die Besichtigung der direkt angrenzenden Altstadt okay, aber kein Urlaubsort. Kuriosum: Laut Beschilderung darf der Parkplatz nicht von Fahrzeugen mit mehr als 3,5 Tonnen Gewicht befahren werden.

S 606 Wohnmobilstellplatz Izola
(S. 187/F5) Tomažičeva ulica 16, 6310 Izola
GPS-Daten: 45.532722, 13.649250
Deutlich angenehmer, nicht direkt neben der Altstadt. Diese kann entlang der Küste (50 m) in rund einer Viertelstunde zu Fuß erreicht werden. Vollausstattung.

S 607 Camperport Portorož (S. 187/F5)
Seča 155, 6320 Portorož
GPS-Daten: 45.503944, 13.594361
Der vermutlich bestgelegene Stellplatz an der slowenischen Küste, weil er der einzige ist, der einen freien Blick aufs Wasser bietet. Ruhig auf einer kleinen Insel gelegen, die den angrenzenden Jachthafen abtrennt. Die Lage hat jedoch ihren Preis. Er ist mit Abstand der teuerste Stellplatz im Land.

Auch die Parkplätze in Slowenien sind oft geräumig.

CAMPINGPLÄTZE

C 608 **Camping Postojna** (S. 182/D6, 188/D1) Veliki otok 50, 6230 Postojna, Tel. +386 5 7203993, www.camping-postojna.com
GPS-Daten: 45.804139, 14.205556
Der Campingplatz ist, was die Ausstattung betrifft, ein wenig aus der Zeit gefallen. Die Lage mitten im Wald bietet viel Ruhe. Streng genommen übernachtet man hier auf dem Dach der Höhlen von Postojna.

C 609 **Camp Mirjam** (S. 182/B6, 188/B2) Razdrto 19, 6225 Hruševje, Tel. +386 41 750716, www.mirjam.si
GPS-Daten: 45.756861, 14.061306
Kleiner privater Campingplatz mit zehn Stellflächen, verkehrsgünstige Lage am Übergang der E 61 in die Schnellstraße H 4. Strom sowie Ver- und Entsorgung sind vorhanden. Außerdem gibt es einen Grillplatz, Sanitär und gegen Aufpreis einen Fitnessraum. Geöffnet von Mitte April bis Mitte Oktober.

C 610 **Kamp Tura** (S. 182/B5) Gradišče pri Vipavi 14 a, 5271 Vipava, Tel. +386 5 9930067, www.kamp-tura.si
GPS-Daten: 45.832278, 13.970833
Kleiner, einfacher Campingplatz mit zehn Stellflächen für Wohnmobile und weiterer Zeltwiese. Zum Teil enge Zufahrt durch die Weinberge, für Dickschiffe nicht zu empfehlen. Als günstig kann er jedoch nicht bezeichnet werden, dafür schöne Aussichten in das Vipava-Tal und Klettermöglichkeiten am Platz.

C 611 **Kamp Vrhpolje** (S. 182/B5) Vrhpolje 42, 5271 Vipava, Tel. +386 5 3665305, www.facebook.com/kampvrhpolje
GPS-Daten: 45.864250, 13.961111
Sehr kleiner und einfacher Campingplatz am Rande eines Dorfes mit Blick auf die Weinberge.

C 612 **Camping Predmeja** (S. 181/H3) Predmeja 19, 5270 Ajdovščina, Tel. +386 5 1422408
GPS-Daten: 45.950833, 13.875944
Kleiner gepflegter, privat geführter Platz oberhalb des Vipava-Tals gelegen. Guter Ausgangspunkt für einen Spaziergang zu dem im Text beschriebenen Aussichtspunkt und für Wanderungen.

C 613 **Camping Zalošče** (S. 181/G4) Zalošče 13, 5294 Dornberk, Tel. +386 5 3017853, www.vinasaksida.com
GPS-Daten: 45.889694, 13.747556
Gemütlicher kleiner Campingplatz für 20 Wohnmobile, die mitten in den Weinbergen stehen.

C 614 Kamp Lijak (S. 181/G3)
Ozeljan 6 a, 5261 Šempas,
Tel. +386 5 3088557, www.parklijak.com
GPS-Daten: 45.941833, 13.717556
Klassischer, kleiner Campingplatz wenige Kilometer vor den Toren der Stadt Nova Gorica.

C 615 Hotel & Camp Siesta (S. 181/F3)
Industrijska cesta 5, 5000 Nova Gorica,
Tel. +386 5 3331230, www.hotel-siesta.si
GPS-Daten: 45.955889, 13.664139
Das Hotel mitten im Gewerbe- und Industriegebiet stellt den Garten des Grundstücks auch für Camping zur Verfügung. Strom und Sanitär des Hotels können genutzt werden. Die Lage ist unattraktiv, aber man ist zu Fuß oder mit dem Fahrrad gut und schnell im Stadtzentrum oder im italienischen Teil der Stadt.

C 616 Camping Dujčeva Domačija (S. 188/B3)
Škoflje 33, 6217 Vremski Britof
GPS-Daten: 45.655528, 14.026306
Sehr einfacher Campingplatz, der eigentlich nur aus einer großen Wiese und einem veralteten Sanitärgebäude besteht. Aber sehr ruhige Lage und nur drei Kilometer östlich der Höhlen von Škocjan. Enge Zufahrt, die man sich als Fahrer eines Dickschiffs vorher zu Fuß anschauen sollte.

C 617 Camping Adria Ankaran (S. 187/G4)
Jadranska cesta 25, 6280 Ankaran,
Tel. +386 5 6637350, www.adria-ankaran.si
GPS-Daten: 45.577972, 13.735750
Klassischer Küstencampingplatz mit engen Parzellen unter schattigen Bäumen. Nur Anfang April bis Mitte Oktober.

C 618 Camp Belvedere (S. 187/F5)
Dobrava 1 a, 6310 Izola,
Tel. +386 5 6605100, www.belvedere.si
GPS-Daten: 45.531806, 13.630583
Typischer Campingplatz an der Küste, etwas oberhalb gelegen und ohne direkten Zugang zum Wasser.

C 619 Kamp Fiesa (S. 187/E5)
Fiesa 57, 6330 Piran, Tel. +386 5 6746230,
www.facebook.com/kamp.fiesa
GPS-Daten: 45.524194, 13.580111
Sehr enger Campingplatz, dessen Ausstattung leider in die Jahre gekommen ist. Jedoch ideale Lage, um die Altstadt Pirans zu Fuß in einer Viertelstunde zu erreichen.

C 620 Camp Lucija (S. 187/F5)
Seča 204, 6320 Portorož,
Tel. +386 5 6906000, www.camp-lucija.si
GPS-Daten: 45.502111, 13.601250
Großer, lang gestreckter Campingplatz, der teilweise Parzellen mit Blick auf die Bucht von Piran bietet.

Einfacher Stellplatz in Izola

» REISE-INFORMATIONEN VON A BIS Z

Die Hafestadt Koper bietet mediterranen Flair an der Adriaküste.

Eine Möglichkeit ist die Anreise durch den Loibltunnel.

ANREISE

Wer nach Slowenien reist, wird nicht umhinkommen, sich mit der Mautgebühr in Österreich zu befassen. Umwege über die Schweiz und Italien oder über Tschechien, die Slowakei und Ungarn wird wohl niemand ernsthaft in Erwägung ziehen, außer man ist ohnehin bereits auf einer längeren Europareise unterwegs. Mautfrei wären diese Strecken aber auch nicht.

Die kürzeste Anreise ab Deutschland verläuft auf der österreichischen A10 zwischen Salzburg und Villach. Diese sogenannte Tauernautobahn ist knapp 200 Kilometer lang und führt durch mehrere Tunnel. Zwei von ihnen, der Tauern- und der Katschbergtunnel, sind zusätzlich zur normalen österreichischen Maut gebührenpflichtig. Die Gebühr wird an der Mautstelle St. Michael gezahlt und beläuft sich auf 13,00 Euro für die Gesamtstrecke (Stand: 2022). Die Durchquerung des Karawanken-Tunnels ist ebenfalls kostenpflichtig. Das Ticket kostet 7,60 Euro (Stand: 2022).

Die Vignette für die österreichischen Autobahnen und Schnellstraßen kann man an den Tankstellen oder vor der Reise beim ADAC erstehen. Für Wohnmobile mit einem Gesamtgewicht bis zu 3,5 Tonnen kostet die 10-Tages-Vignette 9,60 Euro, die 2-Monats-Vignette 28,20 Euro, die Jahresvignette 93,80 Euro (Stand: 2022). Sie ist gut sichtbar von innen auf die Windschutzscheibe zu kleben. Empfohlen wird der Bereich rund um den Rückspiegel oder links oben, aber auf jeden Fall außerhalb von Tönungsstreifen.

Seit dem Jahr 2018 gibt es die Vignette auch digital. Sie ist leicht auf der Webseite www.asfinag.at (ASFINAG: Autobahnen- und Schnellstraßen-Finanzierungs-Aktiengesellschaft) oder per dazugehöriger App zu ordern. Preislich macht das keinen Unterschied, es bietet aber den Vorteil, dass die Vignette am Ende nicht zeitraubend von der Scheibe gekratzt werden muss. Nachteilig ist jedoch, dass sie nicht ab Kauf gültig ist. Denn alle Produkte, die im Internet bestellt werden, haben ein 14-tägiges Rückgaberecht, das gilt ebenfalls für die digitale Vignette. Weil der Rücktritt von einem Kauf auch per Post übermittelt werden kann, werden pauschal noch weitere Tage hinzugerechnet. Daher kann man erst 18 Tage nach

Klassische Ver- und Entsorgungssäule in Slowenien

dem Kauf einer digitalen Vignette über österreichische Autobahnen fahren. Dies sollte bei der Planung der Reise unbedingt berücksichtigt werden.

Fahrer von Wohnmobilen, die mehr als 3,5 Tonnen wiegen, müssen sich keine Gedanken über eine Vignette machen. Hier ist vielmehr die GO-Box gefragt. Das kleine, handliche Gerät kommuniziert auf elektronischem Wege mit den Mautportalen. Erhältlich ist sie an den vielen GO-Box-Vertriebsstellen, also an zahlreichen Tankstellen. Die Mautgebühr ist bei der GO-Box abhängig von der Anzahl der Achsen, den gefahrenen Kilometern und der Emissionsklasse des Fahrzeugs. Hinzu kommt ein minimaler Aufschlag, wenn man die Strecke zwischen 22 Uhr und 5 Uhr zurücklegt. Die Preisspanne (Stand: 2022) reicht von 0,20310 Euro für ein Wohnmobil mit zwei Achsen und der Euro-6-Norm am Tag bis hin zu 0,33755 Euro für ein Wohnmobil mit drei Achsen und einer Schadstoffklasse Euro-0 bis Euro-3 in der Nacht – natürlich immer pro gefahrenem Kilometer. Dazwischen gibt es je nach Kategorie und Tarifgruppe verschiedene Abstufungen. Detaillierte und aktuelle Preisinformationen finden sich auf der Webseite www.go-maut.at.

Über Garmisch-Partenkirchen, Seefeld, Innsbruck und die Brenner-Landstraße kann man mautfrei nach Italien und von dort durch die Täler Südtirols nach Slowenien gelangen. Doch dieses Unterfangen lohnt sich durch den Mehrverbrauch von Benzin und den erhöhten Zeitaufwand in der Regel nicht. Außerdem besteht das Risiko, dass

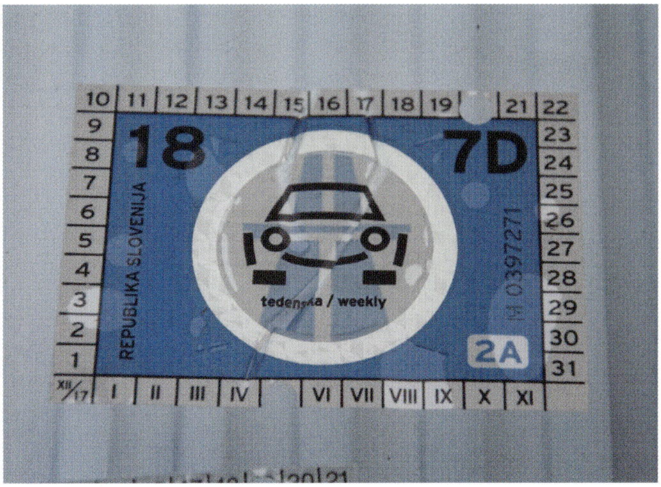

Bloß nicht die Vignette vergessen!

In vielen Orten kann man sich Räder ausleihen.

man in Österreich versehentlich doch auf eine Schnellstraße oder Autobahn auffährt. Zu den Mautgebühren in Slowenien siehe Stichwort »Maut«.

BOTSCHAFTEN

Botschaft der Bundesrepublik Deutschland
Prešernova cesta 27, 1000 Ljubljana,
Tel. +38614790319, www.ljubljana.diplo.de
Österreichische Botschaft
Prešernova cesta 23, 1000 Ljubljana,
Tel. +38614790700,
www.bmeia.gv.at/oeb-laibach
Schweizerische Botschaft
Trg republike 3, 1000 Ljubljana,
Tel. +38612008640,
www.eda.admin.ch/ljubljana

FAHRRAD

Auch mit dem Fahrrad lässt sich Slowenien entdecken. Es gibt Radwege innerhalb der Städte, aber auch kleinere Fernradwege. Diese wurden auf ehemaligen Bahntrassen angelegt und führen teilweise durch malerische Landschaften. Dazu zählt zum Beispiel der Parenzana-Radweg, der von Italien nach Kroatien verläuft und dabei natürlich Slowenien durchquert. Als Tagestour kann man auch zwischen den Karawanken und dem Triglav-Gebirge durch das Save-Tal radeln. 20 Kilometer sind es von Mojstrana bis zur Grenze. Auf italienischer Seite kommt man mit einem leichten Gefälle nach weiteren elf Kilometern nach Tarvisio.

HÖHLEN

Für den Besuch der Höhlen in der südwestlichen Karstlandschaft sollte man unbedingt entsprechende Kleidung tragen. Dazu gehören auf jeden Fall festes Schuhwerk und mindestens ein Pulli. Unter Tage liegen die Temperaturen, je nach Höhle, bei nur zehn bis zwölf Grad Celsius.

HUNDE

Die Einreisebestimmungen für Hunde entsprechen denen, die in der EU gültig sind. Der EU-Heimtierausweis und eine Kennzeichnung via Chip gehören dazu. Im Ausweis muss eine gültige Tollwutimpfung ver-

merkt sein. Üblicherweise gilt Leinenpflicht an öffentlichen Plätzen und Maulkorbpflicht in öffentlichen Verkehrsmitteln.

INFORMATIONEN

In den größeren Städten Sloweniens und in den touristisch beliebten Orten findet man Tourismusinformationen. Dort erhält man Tipps und Empfehlungen zu Sehenswürdigkeiten und Wandermöglichkeiten in der Umgebung und wird üblicherweise mit ausreichend Infomaterial versorgt. Vorab lohnt sich auch der Besuch auf der offiziellen Webseite des slowenischen Tourismusverbandes: www.slovenia.info.

MAUT

Wie bei der Anreise durch Österreich ist auch das Mautsystem in Slowenien in zwei Varianten unterteilt. Wohnmobile mit einem Gesamtgewicht bis zu 3,5 Tonnen zahlen via Vignette, die es seit 2022 ausschließlich als E-Vignette gibt. Erhältlich ist sie vorab auf der Seite https://evinjeta.dars.si. Beträgt die Höhe des Wohnmobils über der ersten Achse weniger als 1,30 Meter, fällt man in die günstigere Kategorie 2 A. Das trifft auf Fahrzeuge wie den Mercedes Vito oder ähnliche kleine Kastenwagen zu.

Üblicherweise ist das Basismodell eines Wohnmobils ein Fiat Ducato, Ford Transit, Citroën Jumper, Mercedes Sprinter oder Iveco Daily. Diese fallen normalerweise unter die Kategorie 2 B, dazu zählen übrigens auch VW-Busse. Nun ist aber entscheidend, ob diese Fahrzeuge dauerhaft zu Wohnzwecken ausgebaut wurden oder als Wohnmobil in den Papieren eingetragen sind. Herzlichen Glückwunsch, denn letztere Fahrzeuge gehören doch wieder der Kategorie 2 A an. Die Vignette ist dann in drei Varianten erhältlich (Stand: 2021): Wochenvignette (15 €), Monatsvignette (30 €) und Jahresvignette (110 €).

Wohnmobile mit mehr als 3,5 Tonnen Gesamtgewicht bzw. mit drei Achsen zahlen eine streckenabhängige Mautgebühr, die zudem von der Schadstoffklasse des Fahrzeugs abhängig ist. Bezahlt wird seit April 2018, ähnlich wie in Österreich, mittels eines Transponders. Dieses als »DarsGo unit« bezeichnete Gerät ist über die Webseite www.darsgo.si oder an einem der Terminals im

Weitere Hinweise erhält man natürlich auch in den Touristinformationen.

Parkscheinautomat mit Barzahlung, Kartenzahlung und Zahlung per SMS

Land erhältlich. Die teuerste Streckenvariante beläuft sich auf 73,80 Euro, wenn man von Nova Gorica an der italienischen Grenze oder von Koper an der Küste bis Murska Sobota fährt, also einmal das komplette Land durchquert. Hat man mindestens die Schadstoffklasse Euro 4, wird es mit 59,10 Euro bereits günstiger. 44,40 Euro sind es bei Euro 6. Für kürzere Strecken zahlt man entsprechend weniger. Diese Preisangaben stammen aus dem Jahr 2021. Aktuelle Informationen und einen Maut-Rechner findet man auf der auch englischsprachigen Webseite des staatlichen Autobahnbetreibers: www.dars.si.

Übrigens: Wer sein Motorrad dabeihat und damit auch über die Autobahnen Sloweniens fahren möchte, muss dementsprechend ebenfalls eine Vignette erwerben.

NOTRUF

Der Notruf lautet 112.

ÖFFENTLICHE VERKEHRSMITTEL

In Slowenien kann man sehr gut sowohl mit dem Bus als auch mit der Bahn durch das Land reisen. Der Bahnhof in Ljubljana ist natürlich der wichtigste Verkehrsknotenpunkt für den öffentlichen Personennahverkehr. Von dort aus fahren Züge in alle Nachbarstaaten sowie zu den wichtigsten Orten innerhalb des Landes. Gleiches gilt für Buslinien, mit denen man innerhalb Sloweniens gut vorankommt.

VERKEHRSREGELN

Die meisten Verkehrsregeln weichen nicht von denen in Deutschland ab. Kleinere Unterschiede gibt es dennoch. So muss man das ganze Jahr über auch am Tage das Abblendlicht einschalten. Außerdem hat man an Ampeln bereits bei Gelb anzuhalten und beim Überholen die gesamte Zeit während des Überholvorgangs zu blinken.

Das Halten und Parken ist in den weiß gekennzeichneten Zonen in der Regel bis zu zwei Stunden kostenpflichtig erlaubt. In den blauen Kurzparkzonen darf man bis zu 30 Minuten kostenfrei stehen. Die Höchstgeschwindigkeit beträgt innerorts 50 km/h, außerorts 90 km/h, auf Schnellstraßen und Autobahnen 100 km/h. Wohnmobile über 3,5 Tonnen dürfen außerorts, auf Schnellstraßen und Autobahnen nur mit maximal 80 km/h reisen.

WÄHRUNG

Während der Zeit, in der Slowenien eine Teilrepublik Jugoslawiens war, zahlte man mit dem jugoslawischen Dinar. Mit der Unabhängigkeit führte man den Tolar ein, dessen Name sich von Taler ableitete. Im Jahr 2007 trat Slowenien schließlich der Eurozone bei und führte den Euro ein. Mangels Prägestätten wurden die slowenischen Euromünzen in der Vergangenheit von unterschiedlichen Prägestätten in Finnland, der Slowakei und den Niederlanden hergestellt.

Auf den Rückseiten der slowenischen Münzen sind folgende Symbole abgebildet: Nationaldichter France Prešeren inklusive einem Vers der Nationalhymne (2 Euro); Primož Trubar, der Autor des ersten slowenischsprachigen Buches (1 Euro); der Berg Triglav (50 Cent); zwei Lippizaner (20 Cent); die Kathedrale der Freiheit, die nie gebaut wurde, aber ein Entwurf für ein neues Parlamentsgebäude war (10 Cent); das Gemälde »Sämann«, auf dem ein Mann 13 Sterne sät (5 Cent); Fürstenstein, der an slawische Fürsten erinnert (2 Cent); und schließlich ein Storch (1 Cent), der ursprünglich auch auf der 20-Tolar-Münze zu sehen war.

WANDERN

Slowenien bietet zahlreiche Wandermöglichkeiten und es lohnt sich, die Wanderschuhe mit in das Wohnmobil zu packen. Das Hauptaugenmerk liegt dabei sicherlich auf dem Triglav-Nationalpark im Nordwesten des Landes. Rund 7000 Kilometer Wanderwege laden hier in die Natur ein. Ein Großteil davon ist für jeden zu schaffen, der ein wenig Wandererfahrung und Kondition mitbringt. Doch wenn es darum geht, in größeren Höhen bzw. im alpinen Bereich unterwegs zu sein, reicht festes Schuhwerk allein nicht aus. So ist der höchste Gipfel des Landes zum Beispiel nur mit Steigeisen und über Seilsicherungen, die fest installiert sind, zu erreichen. Daher gehört eine Kletterausrüstung mit Seilen, Karabinerhaken und einem Helm zur Standardausstattung bei solchen Wandertouren.

Aber das Triglav-Gebirge bietet weit mehr als nur den namensgebenden höchsten Berg. Zahlreiche Täler und kleinere Gipfel lassen sich bei einer wunderbaren Tagestour von den Camping-, Stell- und Parkplätzen aus bequem erreichen. Selbiges gilt für die nördlich gelegenen Karawanken und für die Steiner Alpen weiter östlich. Nicht ganz so hoch hinaus, aber immer noch mit einer Vielzahl an Wandermöglichkeiten, geht es im Bachergebirge (Pohorje) zwischen Dravograd und Maribor. Darüber hinaus existieren ausgedehnte Wanderwege im südlichen Teil des Landes, wo man mit dem Krainer Schneeberg bereits im Dinarischen Gebirge unterwegs ist. Zu guter Letzt gibt es diverse Europäische Fernwanderwege, die zum Teil durch Slowenien führen, genauso der berühmte Alpe-Adria-Trail. Auf seinen 750 Kilometern vom Großglockner in Österreich bis an die Adriaküste Italiens verläuft er auf sechs Etappen und auch durch Slowenien, wo er das Triglav-Gebirge durchquert.

Für alle Wanderwege gilt natürlich immer, dass man sich nur mit festem Schuhwerk, entsprechender Kleidung und genügend Verpflegung auf den Weg macht.

Licht an,
den ganzen Tag

Adria 145
Ajdovščina 141
Ajdovska deklica 28

Bela krajina 120
Bled 33
Bleder Burg 37
Bogojina 89
Bohinjska Bistrica 33
Bohinjsko jezero 33
Bohinjsko sedlo 33
Bovec 30
Burg Otočec 117

Celje 101

Dobrovnik 90
Dovžanova soteska 45
Drachenbrücke 128
Drau 65
Drau-Fee 77
Dravograd 59, 65
Dreiländereck-Hütte 22

Expano-Pavillon 87

Ferrarigarten 141

GEOSS 52
Glavni trg 118
Golf von Triest 150
Goričko 80
Goriška brda 144
Gornja Radgona 79
Gornju Grad 54
Grintovec 53

Höhlen von Škocjan 145
Höhlenburg Predjama 139
Holocaust-Museum 94

Idrija 137
Izola 148

Janževa Gora 67
Jasna-See 24
Jeruzalem 95
Julius-Kugy-Denkmal 28
Jurček 78

Kamnik 49
Kamniška Bistrica 53
Karawankentunnel 19
Kartäuserkloster Seiz (Žička) 100
Kazjansko 116
Kobarid 30
Kočevje 122
Kolpa-Tal 121
Kongresni trg 126
Koper 147
Koroška 57
Kranj 47
Kranjska Gora 19, 24
Krka 117
Krško 116

Laško 112
Lendava 90
Lent 76
Lipica 146
Ljubljana 124
Ljubljansko barje 124
Loibltunnel 45

Mali Grad 50
Mangartstraße 30
Maribor 67
Mestni trg 97
Metlika 120
Mlinarica 29
Mojstrana 37
Most na Soči 32
Moste 49
Mozirje 56
Murska Sobota 80, 87

Nationalpark Triglav 25
Nazarje 55
Nebotičnik 129
Nova Gorica 142
Novo mesto 118

Olimje 115
Ormož 95

Pekarna 69
Peričnik-Wasserfall 37
Piran 149
Planica 23
Platz Leon Štukelj 75
Podbrdo 33
Podčetrtek 115
Podkoren 20
Podljubelj 45
Podsreda 116
Poljana 58
Pomurje 87
Postijna 137
Prešerenplatz 126
Prisojnik 27
Ptuj 96

Radegunda 56
Radenci 80
Radlje ob Dravi 66
Radovljica 43
Rateče 21
Ribnica 123
Rinka-Wasserfall 54
Rogaška Slatina 114
Rosalnice 120
Rotovški trg 70
Russische Kapelle 26

Salcanobrücke 143
Salzburški dvor 75
Sava Dolinka 24
Save 19
Savica-Wasserfall 33
Schloss Brdo 48
Schloss Kieselstein 48
Schloss Kostel 122
Schloss Lendava 93
Schloss Oberradkersburg 79
Selo 89
Sevnica 113
Slomškov trg 72
Slovenska Bistrica 99
Slovenske Gorice 78
Slovenski trg 97
Slowevenj Gradec 59
Šmartno 143
Soča 31
Solčavsko 53
Šoštanj 57
Spodnja Muta 66
Spodnja Ščavnica 79
Stadtwald von Celje 105
Stahovica 52
Štanjel 140
Stari Grad 50
Stolp Vinarium 91
Svobode trg 74

Tamar 24
Tolmin 31
Trdkova 81
Trenta 29
Trg generala Maistra 74
Tri fare 120
Triglav 37
Tromeja 21
Tromostovje 125
Tržič 45

Usnjarska ulica 76

Vače 52
Velenje 56
Vitanje 100
Volčji Potok 51
Vršičpass 25

Weinstraße 91
Wurzenpass 19

Žalec 111
Zelencl 24
Žička 100

P.S.: DA FÄLLT MIR NOCH WAS EIN!

Besuchen Sie die Bäckereien! Nicht nur, weil es dort wirklich leckere Backwaren gibt, die zudem preiswerter und dennoch größer sind als in heimischen Regionen, sondern auch, um dort in Kontakt mit der Bevölkerung zu kommen. Mehrfach ist es mir in Slowenien passiert, dass ich ausgerechnet in Bäckereien Tipps für die Besichtigung von Seen und Landschaften in der Umgebung erhalten habe. Und das ganz ohne mein Zutun! Da ich nämlich ein Freund von süßen Backwaren bin, war ich zumindest in den Bäckereien gedanklich ausnahmsweise nicht bei der Recherche, sondern stand vor der Qual der Wahl, welche der verlockend aussehenden Produkte es denn sein sollten. Dennoch bekam ich beim Bezahlen nicht nur mein Wechselgeld und den Kassenbon in die Hand gedrückt, sondern auch einen Zettel mit dem Namen der Sehenswürdigkeit oder des Naherholungsgebietes, das ich mir doch unbedingt noch anschauen solle. Lassen Sie es sich also schmecken und nehmen Sie Zeit mit, wenn Sie »mal eben ein paar Brötchen« kaufen.

Allzeit eine gute Reise wünscht Ihnen
Michael Moll

In gleicher Reihe erschienen ...

ISBN 978-3-7343-1662-3

ISBN 978-3-7343-2732-2

ISBN 978-3-7343-2307-2

ISBN 978-3-7343-2158-0

BRUCKMANN

www.bruckmann.de

Blick auf den Fluss Soča bei Solkan

» STRASSENATLAS

PÖSSL
2WIN
PLUS

LEGENDE

1 Route 1 - FANTASTISCHE REISE DURCH DIE BERGWELT SLOWENIENS

2 Route 2 - ENTLANG DER STEINER ALPEN ZUM DRAU-TAL

3 Route 3 - MARBURG ZWISCHEN DRAU UND MUR

4 Route 4 - IN DEN WEINBAUGEBIETEN VON SLOWENIENS OSTEN

5 Route 5 - TRAUMHAFTE FLUSSLANDSCHAFTEN UND VIEL KULTUR

6 Route 6 - KARSTLANDSCHAFTEN, LIPIZZANER UND KÜSTE

A1 E 85 Autobahn mit Anschlussstelle

7 Schnellstraße

108 Fernstraße

414 Hauptstraße

Nebenstraße

Sonstige Straße

Fahrweg

Eisenbahn

Flüsse

See

Bebauung

Natur-, Nationalpark

Staatsgrenze mit Grenzübergang

C 10 Campingplätze

S 10 Stellplätze

Sehenswürdigkeit - Kultur

Sehenswürdigkeit - Natur

Kirche

Kloster

Klosterruine

Schloss

Schlossruine

Museum

Höhle

Windmühle

Leuchtturm

Aussichtspunkt

Flughafen

HUBER KARTOGRAPHIE

N

0 5 km

1 : 195.000

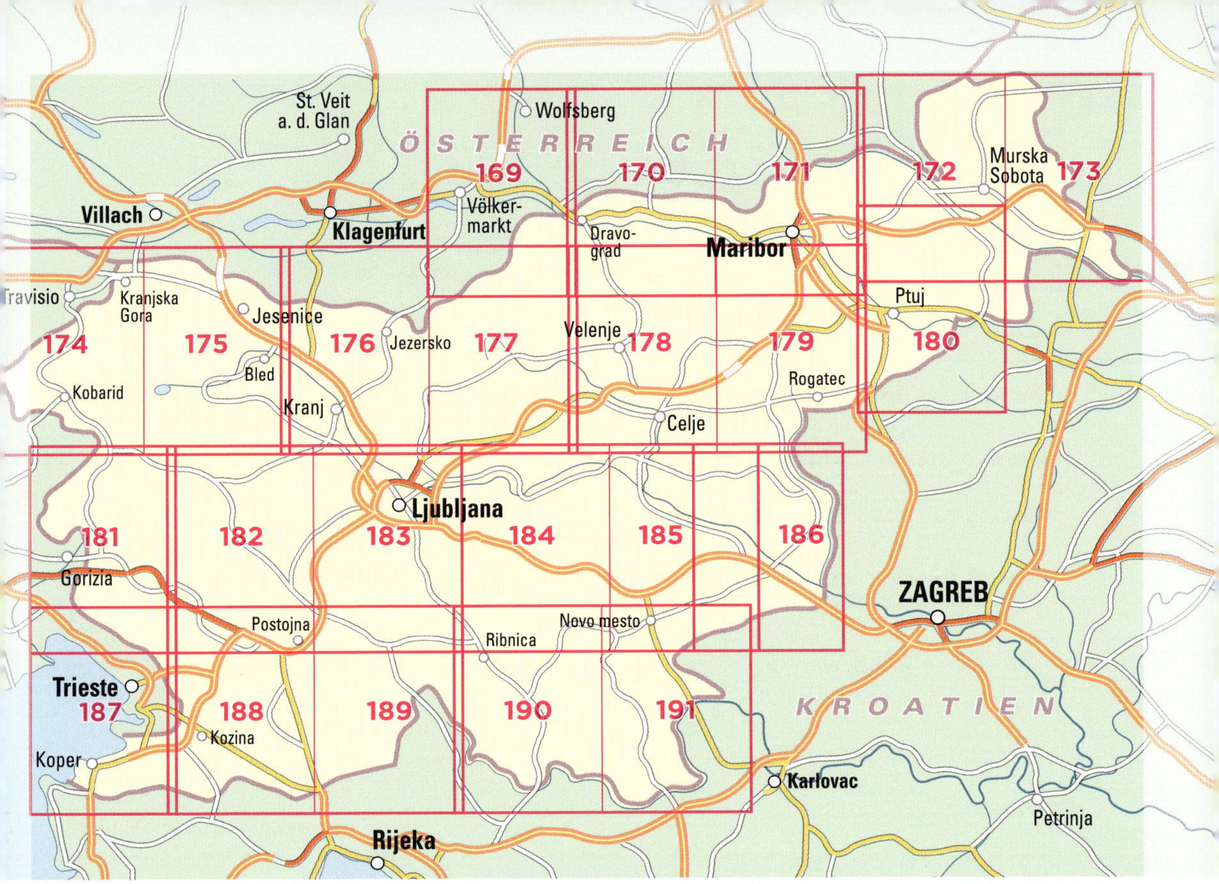

ÖSTERREICH
KROATIEN
169
170
171
172
173
174
175
176
177
178
179
180
181
182
183
184
185
186
187
188
189
190
191
St. Veit a. d. Glan
Wolfsberg
Villach
Klagenfurt
Völkermarkt
Dravograd
Maribor
Murska Sobota
Ptuj
Travisio
Kranjska Gora
Jesenice
Jezersko
Velenje
Rogatec
Kobarid
Bled
Kranj
Celje
Ljubljana
ZAGREB
Gorizia
Postojna
Novo mesto
Ribnica
Trieste
Kozina
Koper
Karlovac
Petrinja
Rijeka

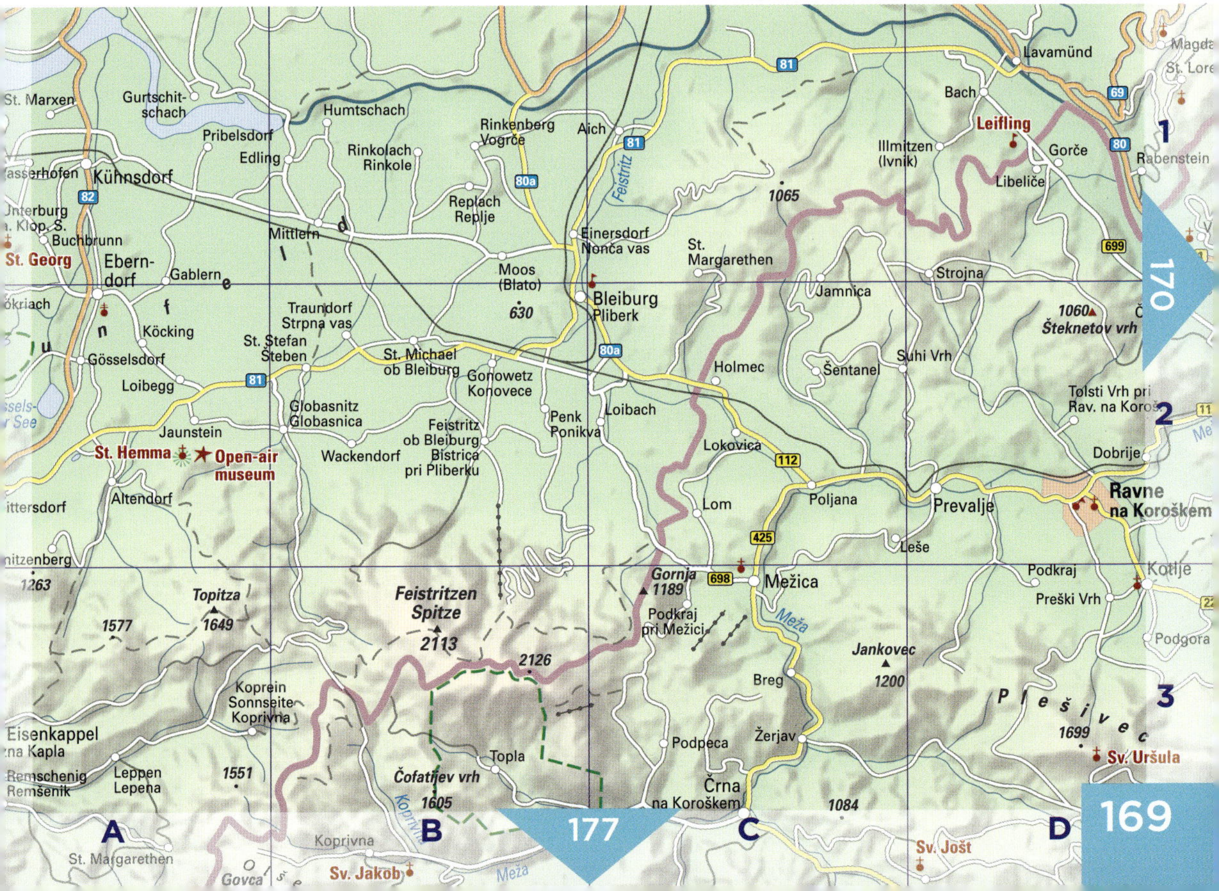

Lavamünd
St. Marxen
Gurtschitschach
Humtschach
Pribelsdorf
Edling
Rinkenberg Vogrče
Aich
Rinkolach Rinkole
Replach Replje
Kühnsdorf
Buchbrunn
St. Georg
Eberndorf
Gablern
Mittlern
Einersdorf Nonča vas
Moos (Blato)
Bleiburg Pliberk
St. Margarethen
Köcking
Traundorf Strpna vas
St. Stefan Šteben
St. Michael ob Bleiburg
Gonowetz Konovece
Gösselsdorf
Loibegg
Globasnitz Globasnica
Feistritz ob Bleiburg Bistrica pri Pliberku
Penk Ponikva
Loibach
Jaunstein
St. Hemma
Open-air museum
Wackendorf
Altendorf
Feistritz
Leifling
Bach
Illmitzen (Ivnik)
Gorče
Libeliče
Rabenstein
1065
Strojna
Jamnica
Šentanel
Suhi Vrh
Holmec
1060
Šteknetov vrh
Tolsti Vrh pri Rav. na Koroš.
Dobrije
Lokovica
Poljana
Prevalje
Ravne na Koroškem
Lom
Leše
Gornja 1189
Mežica
Podkraj
Preški Vrh
Kotlje
Podgora
Podkraj pri Mežici
Meža
Jankovec 1200
Breg
Topitza 1649
1577
1263
Feistritzen Spitze 2113
2126
Koprein Sonnseite Koprivna
Eisenkappel Železna Kapla
Remschenig Remšenik
Leppen Lepena
1551
Topla
Čofatijev vrh 1605
Podpeca
Žerjav
Črna na Koroškem
1084
Plešivec
1699
Sv. Uršula
Koprivna
Sv. Jakob
St. Margarethen
Sv. Jošt
A
B
C
D
1
2
3
177
170
81
80a
82
112
425
698
699
69
80

Deutschlandsberg
Eibiswald
Slovenj Gradec
Dravograd
Muta
Radlje ob Dravi
Vuzenica
Drava
Kozjak
Koralpe
Weststeirisches Hügelland
Weinebene
Handalm 1853
Paraplui 1050
Trahütten
Glashutten
Freiland b. Deutschlandsberg
Blumau
Wildbach-dorf
Niedergams
Lasselsdorf
Tanzelsdorf
Wohlsdorf
Dornegg
Gussendorf
Frauental a. d. Laßnitz
Lebing
Sulz
Laßnitz
Freidorf a. d. Laßnitz
Krottendorf
Groß St. Florian
Lassenberg
Frauental
Unterbergla
Freidorfer Gleinz
Michlgleinz
Gleinz Bach
Hasreith
Stullnegg Bach
1153
Ahnherrschloss
Obermainsdorf
Neuberg
Hollenegg
Hohlbach
Schwarze Sulm
Otternitz
Mainsdorf
Aichegg
Aigen
Wieden
Pistorf
Schwanberg
St. Peter i. Sulmtal
St. Martin i. Sulmtal
Gleinstätten
1699
St. Anna in der Wiel
Limberg
Steyeregg
Oberhart
Welsbg.
Brunn
Gasselsdorf
Pölfing
Burgstall
Weiße Sulm
Obergreith
Krumbach
St. Katharina in der Wiel
Weisse Sulm
864
St. Oswald ob Eibiswald
Wernersdorf
Vordersdorf
Wies
1528
St. Ulrich i. Greith
Pitschgau
Bischofegg
Saggau
Saggau Bach
St. Vinzenz
Obersoboth
Hörmsdorf
Oberhaag
Unterhaag
Kitzelsdorf
Stausee Soboth
Soboth
Haderniggkogel 1184
Aibl
St. Leonhard
Feistritz
Rothwein
Laaken
St. Lorenzen
Remschnigg 756
Sv. Jernej
Radlberg 994
Hühnerkogel 1522
Kozji Vrh nad Dravogradom
Pernice
Bistrica
Bricnik 1011
Sv. Trije Kralji
Št. Janž pri Radljah
Brezni Vrh
Sv. Primož
Remšnik
Goriški Vrh
Sv. Duh
Sv. Magdalena
Vrata
Gortina
Zg. Vižinga
Marija na kamnu
S 300
Kozji Vrh
Javnik
Vas
Brezno
Ožbalt
Trbonje
Sv. Vid
Vuhred
Podvelka
Pukštanj
Sv. Danijel
Sv. Janez Krstnik
Sv. Anton na Pohorju
Šentjanž nad Dravčami
Vuhreščica
Janževski Vrh
Rdeči Breg
Jurčiče
Otiški Vrh
Sv. Peter
Selovec
Sv. Ožbolt
Šentjanž pri Dravogradu
Meža
Bukovska vas
Sv. Primož na Pohorju
Kovač
S 301
Velka
Pameče
Kremžarjev vrh 1161
Hudi Kot
Sv. Bolfenk
Ribnica na Pohorju
Recenjak
Razpotje
Mislinja
Troblje
Vrhe
S 302
Josipdol
1177
Radolina
Gradišče
Vel. Kopa 1542
Sv. Marija
Sv. Jurij
Legen
S 206
Sele
Sv. Rok
Stari trg
Šmartno pri Slov. Gradcu
Plešič 1407
Golavabuka
Raduše
Turiška vas
Razborca
Podgorje
Lovrenška jez.
Rogla 1517
Mislinjska Dobrava
169
178

MARIBOR
Leibnitz
Strass i. Steiermark
Mureck
Cmurek
Ehrenhausen
Gamlitz
Spielfeld
Šentilj v Slov. goricah
Selnica ob Muri
Kamnica
Brestrnica
Limbuš
Pekre
Ruše
Bistrica ob Dravi
Selnica ob Dravi
Fala
Letališče Maribor
Rogoza
Miklavž na Dravskem polju
Zg. Duplek
Sp. Duplek
Sp. Hoče
Slivnica pri Mariboru
Razvanje
Betnava
Mestni grad
Gorca
Malečnik
Dragučova
Vukovje
Močna
Sv. Urban
Sv. Bolfenk
Sv. Areh
Žigartov vrh
1346
Trautenberg
Schmirnbg.
Frauenberg
Seggau
Retzhof
Mausoleum
Brunnsee
Frauheim
Eybesfeld
Wagna
Kaindorf a. d. Sulm
Drava (Drau)
Mur
Pesnica
Cirknica
Kraj. Park Jareninski Dol
Slatenik 387
Plački vrh
Zieregg. 508
Kreuzberg 633
Demmerkogel 670
S 304
S 305
S 306
C 317
E
F
G
H
1
2
3
4
5
6
179
172

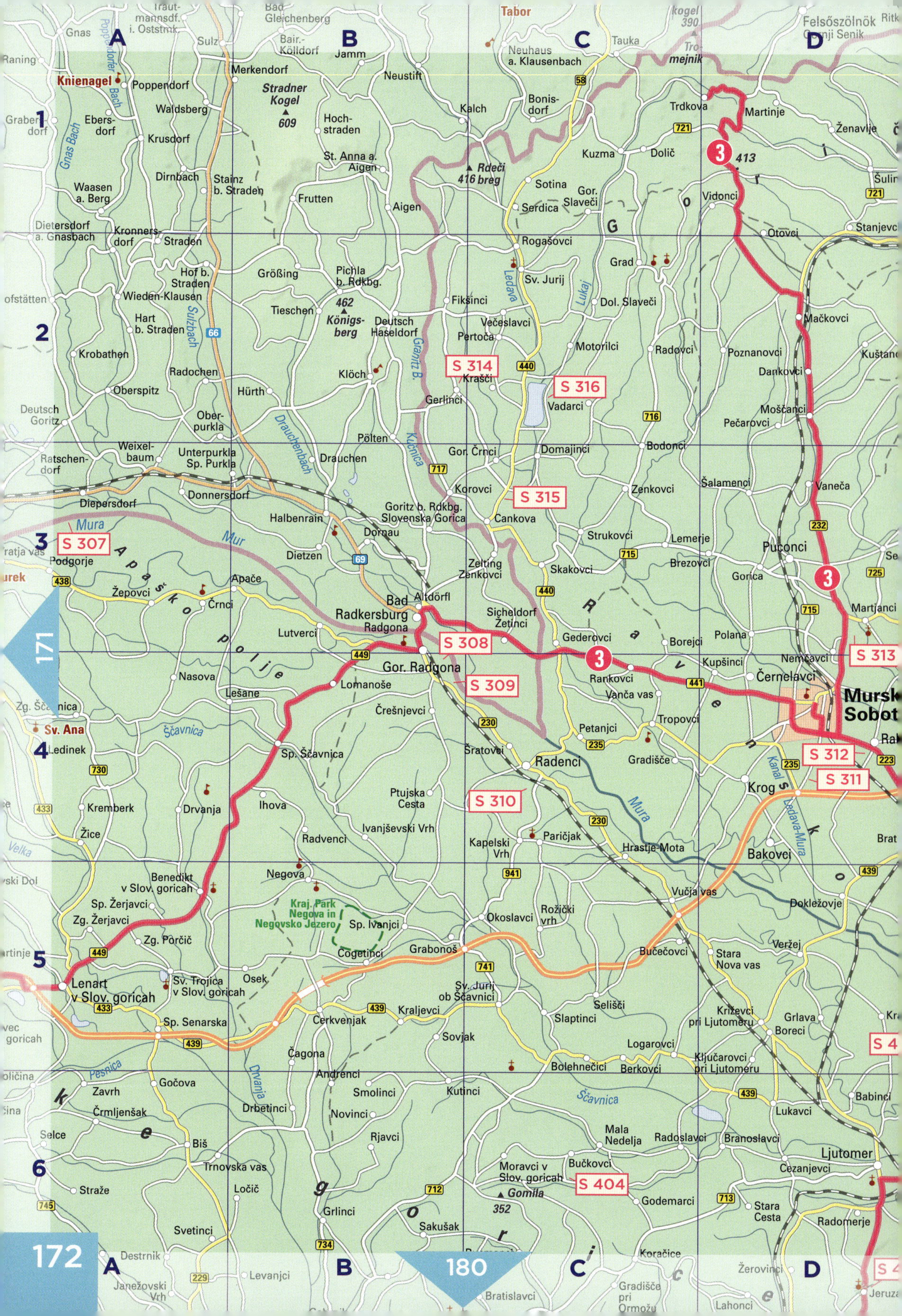
A
B
C
D
1
2
3
4
5
6
Gnas
Trautmannsdf. i. Oststmk.
Bad Gleichenberg
Tabor
kogel 390
Felsőszölnök
Gornji Senik
Raning
Kienagel
Poppendorfer Bach
Poppendorf
Sulz
Bair.-Kölldorf
Jamm
Merkendorf
Neustift
Neuhaus a. Klausenbach
Tauka
Tromejnik
Graberdorf
Ebersdorf
Waldsberg
Stradner Kogel
609
Hochstraden
Kalch
Bonisdorf
Trdkova
Martinje
Ženavlje
Gnas Bach
Krusdorf
St. Anna a. Aigen
Rdeči breg
416
Kuzma
Dolič
413
Šulinci
Waasen a. Berg
Dirnbach
Stainz b. Straden
Frutten
Aigen
Sotina
Serdica
Gor. Slaveči
Vidonci
Dietersdorf a. Gnasbach
Kronnersdorf
Straden
Rogašovci
G
Otovci
Stanjevci
Hof b. Straden
Größing
Pichla b. Rdkbg.
Grad
Sv. Jurij
Ledava
Lukaj
ofstätten
Wieden-Klausen
462
Königsberg
Tieschen
Fikšinci
Dol. Slaveči
Mačkovci
Hart b. Straden
Sulzbach
Deutsch Haseldorf
Večeslavci
Pertoča
Krobathen
Granitz B.
Motorilci
Radovci
Poznanovci
Kuštanovci
S 314
Krašči
S 316
Dankovci
Radochen
Klöch
Oberspitz
Hürth
Gerlinci
Vadarci
Moščanci
Deutsch Goritz
Oberpurkla
716
Pečarovci
Weixelbaum
Unterpurkla
Sp. Purkla
Drauchenbach
Pölten
Kučnica
Drauchen
Gor. Črnci
Domajinci
Bodonci
Ratschendorf
717
Korovci
Zenkovci
Šalamenci
Vaneča
Diepersdorf
Donnersdorf
S 315
Mura
Halbenrain
Goritz b. Rdkbg.
Slovenska Gorica
Cankova
232
Strukovci
Lemerje
Puconci
Mur
Dornau
S 307
Podgorje
Dietzen
Apaško polje
Zelting
Zenkovci
Skakovci
715
Brezovci
Gorica
725
Martjanci
438
Žepovci
Apače
Črnci
440
Altdörfl
Bad Radkersburg
Radgona
Sicheldorf
Žetinci
Lutverci
S 308
Gederovci
Ravensko
Borejci
Polana
Kupšinci
Nemčavci
S 313
171
449
Gor. Radgona
Lomanoše
S 309
Rankovci
Nasova
Lešane
Vanča vas
441
Černelavci
Murska Sobota
Zg. Ščavnica
Sv. Ana
Ščavnica
Črešnjevci
230
Petanjci
Tropovci
Ledinek
730
Sp. Ščavnica
Šratovci
Radenci
235
Gradišče
S 312
223
Kanal Ledava-Mura
Krog
S 311
433
Kremberk
Drvanja
Ihova
Ptujska Cesta
S 310
Žice
Ivanjševski Vrh
Radvenci
Kapelski Vrh
Paričjak
Hrastje-Mota
Bakovci
Brat
Velka
Benedikt v Slov. goricah
Negova
941
439
Sp. Žerjavci
Zg. Žerjavci
Kraj. Park Negova in Negovsko Jezero
Sp. Ivanjci
Okoslavci
Rožički vrh
Vučja vas
Dokležovje
Zg. Porčič
Cogetinci
Grabonoš
741
Bučečovci
Stara Nova vas
Veržej
Lenart v Slov. goricah
Sv. Trojica v Slov. goricah
Osek
Sv. Jurij ob Ščavnici
Križevci pri Ljutomeru
Grlava
Boreci
Sp. Senarska
Cerkvenjak
Kraljevci
Seliščí
Slaptinci
S 4
Sovjak
Logarovci
Čagona
Drvanja
Andrenci
Bolehnečici
Berkovci
Ključarovci pri Ljutomeru
Pesnica
Zavrh
Gočova
Smolinci
Kutinci
Babinci
Črmljenšak
Drbetinci
Novinci
Lukavci
Selce
Biš
Rjavci
Mala Nedelja
Radoslavci
Branoslavci
Trnovska vas
Moravci v Slov. goricah
Bučkovci
S 404
Ljutomer
Cezanjevci
Straže
Ločič
712
Gomila
352
Godemarci
713
Stara Cesta
Radomerje
745
Grlinci
Sakušak
Svetinci
734
Koračice
Destrnik
180
Janežovski Vrh
229
Levanjci
Bratislavci
Gradišče pri Ormožu
Žerovinci
Lahonci
Jeruzalem

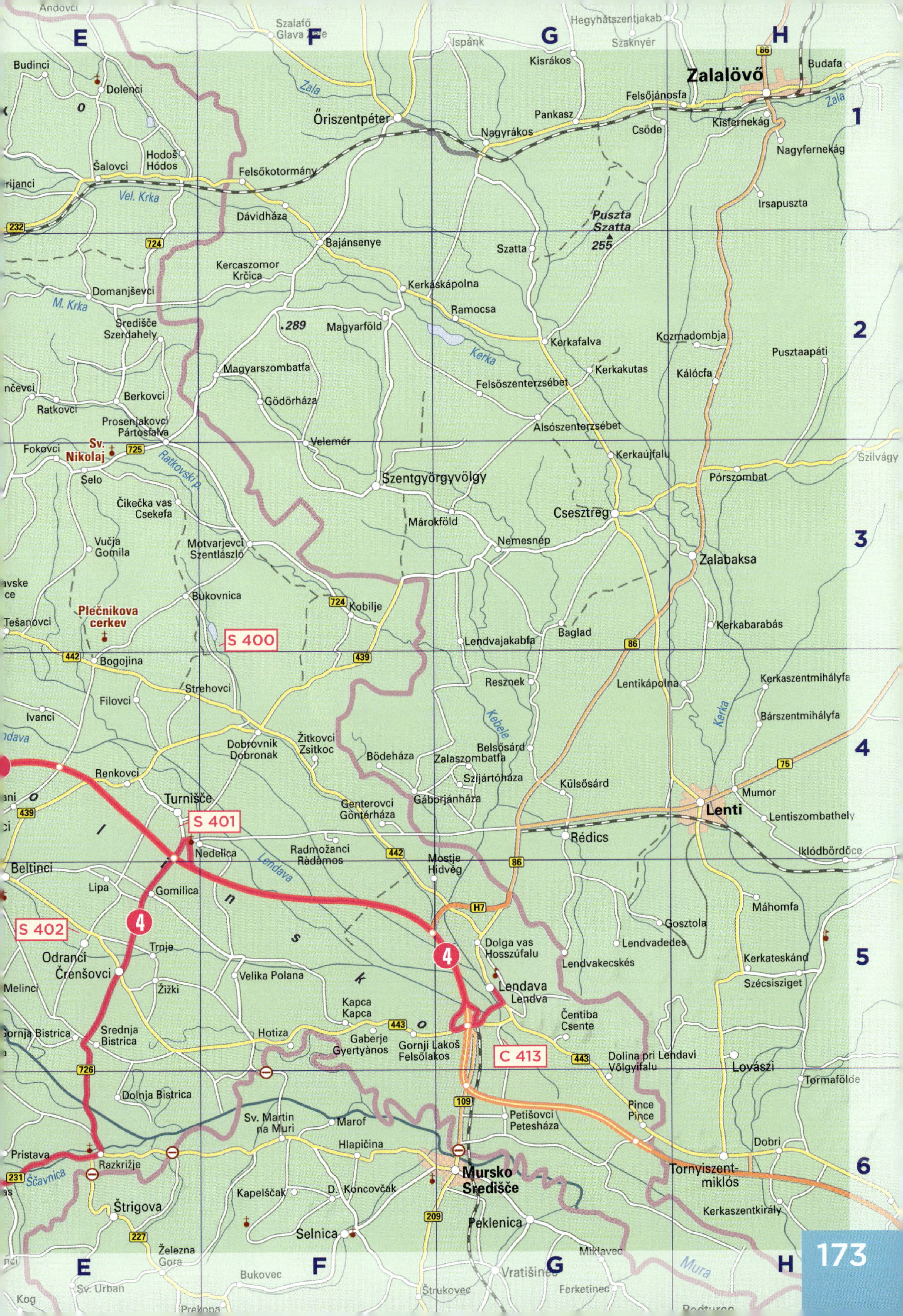

Zalalövő
Őriszentpéter
Lenti
Lendava
Murško Središče
Turnišče
Beltinci
Szentgyörgyvölgy
Csesztreg
Zalabaksa
Rédics
Kerkaszentkirály
Tornyiszentmiklós
Nagyrákos
Felsőkotormány
Bajánsenye
Kerkáskápolna
Magyarföld
Magyarszombatfa
Velemér
Kerkafalva
Pórszombat
Lovászi
Dobri
Gosztola
Lendvadedes
Lendvakecskés
Szécsisziget
Kerkateskánd
Máhomfa
Mumor
Lentiszombathely
Iklódbördőce
Bárszentmihályfa
Kerkaszentmihályfa
Kerkabarabás
Lentikápolna
Baglad
Lendvajakabfa
Resznek
Külsősárd
Belsősárd
Zalaszombatfa
Szijártóháza
Gáborjánháza
Bödeháza
Genterovci Göntérháza
Radmožanci Radamos
Mostje Hidvég
Dolga vas Hosszúfalu
Čentiba Csente
Dolina pri Lendavi Völgyifalu
Pince Pince
Petišovci Petesháza
Gornji Lakoš Felsőlakos
Gaberje Gyertyános
Kapca Kapca
Hotiza
Velika Polana
Žižki
Trnje
Gomilica
Nedelica
Lipa
Odranci
Črenšovci
Melinci
Srednja Bistrica
Gornja Bistrica
Dolnja Bistrica
Sv. Martin na Muri
Marof
Hlapičina
Razkrižje
Pristava
Štrigova
Železna Gora
Kapelščak
D. Koncovčak
Selnica
Peklenica
Miklavec
Vratišinec
Štrukovec
Ferketinec
Bukovec
Sv. Urban
Prekopa
Kog
Renkovci
Ivanci
Filovci
Strehovci
Bogojina
Tešanovci
Plečnikova cerkev
Bukovnica
Kobilje
Dobrovnik Dobronak
Žitkovci Zsitkoc
Motvarjevci Szentlászló
Vučja Gomila
Čikečka vas Csekefa
Selo
Sv. Nikolaj
Fokovci
Prosenjakovci Pártosfalva
Ratkovci
Berkovci
Središče Szerdahely
Domanjševci
Kercaszomor Krčica
Dávidháza
Šalovci
Hodoš Hódos
Dolenci
Budinci
Andovci
Szalafő
Glava
Ispánk
Kisrákos
Hegyhátszentjakab
Szaknyér
Budafa
Felsőjánosfa
Pankasz
Csöde
Kisfernekág
Nagyfernekág
Irsapuszta
Puszta Szatta
255
Szatta
Ramocsa
289
Kozmadombja
Kálócfa
Pusztaapáti
Kerkakutas
Felsőszenterzsébet
Alsószenterzsébet
Kerkaújfalu
Szilvágy
Márokföld
Nemesnép
Gödörháza
Zala
Vel. Krka
M. Krka
Kerka
Kebele
Ratkovski p.
Lendava
Ščavnica
Mura
S 400
S 401
S 402
C 413
4
86
75
H7
109
209
227
231
232
439
442
443
724
725
726
E
F
G
H
1
2
3
4
5
6

A
B
C
D
1
2
3
4
5
6
Malborghetto
Naborjet
Ugovizza
Ukve
S. Caterina
Fella
Bagni di Lusnizza
Lužnice
Camporosso in Valcanale
Žabnice
Tarvisio
Trbiž
Coccau
Kokovo
Oltreacqua
Fusine in Valromana
Fužine
Rateče
Weiernig
Wurzenpass
Korensko sedlo
Seltschach
Valbruna
Ovčja vas
Monte Santo di Lussari
1766
Rutte Piccolo
Male Rovte
Aclete
S 100
Smučar. skakalnice
Zelenci Izvir Save
Ciprnik
1745
Riofreddo
Mrzla voda
2046
2087
2062
Chiout di Puppe
Dogna
Cave del Predil
Rabelj
Jôf di Montasio
2753
Jôf Fuart
2666
M. Cimone
2380
Lago del Predil
P. d. Predil
1156
Strmec na Predelu
Mangart
2677
Jalovec
2645
2332
Vršič
1611
Log pod Mangartom
Saletto
Stretti
T. Raccolana
Sella Nevea
1190
R. del Lago
Briceljk
2346
2437
Trentski Pelc
2109
C 105
M. Sart
2324
2344
2406
Rombon
2208
Koritnica
Bavšica
Bavški Grintavec
2347
C 106
Trenta
Soča
Vis. Kanin
2587
Coritis
Korito
C 113
Bovec
Kal-Koritnica
1965
C 107
2349
Plaski Voge
Baba grande
2148
V. Baba
1615
1663
Vrh Planje
Parco Naturale Regionale Prealpi Giulie
Uccea
Slap Boka
1700
Kaninska vas
C 109-112
Za Otoki
C 108
Vrsnik
1544
Log Čezsoški
Čezsoča
Javoršček
1557
Lepenca
Lepena
Kal
2001
Učja
Žaga
Polovnik
Slatenik
1772
Krasji vrh
Lanževica
2003
1630
Srpenica
2035
Krnsko j.
Mahavšček
2008
613
Stol
1673
Trnovo ob Soči
1354
Magozd
Drežniške Ravne
Krn
2244
Montemaggiore
Brezje
Breginj
Sedlo
Borjana
Staro selo
Kobarid
C 114
Drežnica
794
Koseč
Tolminski
2086
Kred
Podbela
Nadiža
C 115
Pološka jama
Platischis
Plestišča
Logje
Sužid
Ladra
Čadrg
Javorca
1570
Prossenicco
Prosnid
Idrsko
Vrsno
Krn
Robidišče
1237
1642
Matajur
M. Mataiur
Kamno
1360
F. Natisone
Volarje
C 116
Montefosca
Črni Vrh
Stupizza
Štupica
Montemaggiore
Matajur
Avsa
Livek
Kuk
1243
Gabrje
Zatolmin
1167
Marseu
Marsin
Jevšček
Livške Ravne
C 117
Canebola
Čenebola
Loch
Log
Cras
Kras
Drenchia
Dreka
Žabče
Masarolis
Mažerole
Pulfero
Podbonesec
Cepletischis
Ceplesišče
Tolmin
Volče
Polju
Ljub
Savogna
Savodnje
Modrejce
Čiginj
Valle
Podcerkev
723
T. Rieca
Clodig
Hlodič
Lombai
Lombaj
Modre
692
Grotta d'Antro
Ponteacco
Petjag
Cosizza
Kosca
T. Alberone
Most na Soči
Volčanski Ruti
Cravero
Kravar
Sup.
Tarbij
912
Oblizza
Oblica
Sela pri Volčak
809
770
S. Leonardo
S. Pietro al Natisone
181

E
F
G
H
Schwarzkogel
1751
Črni vrh
Blekowa
1746
Zajčnik
Mittagskogel
2139
Kepa
Karawankentunnel
(7864 m)
Visoki Kurji vrh
1820
C 104
Srednji Vrh
Gozd
Martuljek
Frauenkogel
1892
Dovška Baba
Rosenbachsattel
1594
V. Golica
Kahlkogel
1835
Matschacher Gupf
1691
1944
Maria Elend
Pilgrimage church
1300
R. Rasburg
1360
Suetschach
Matschach
Feistritz im Rosental
Bärental
2024
Hochstuhl
2237
Stol
Belca
Dovje
C 121
Sava Dolinka
Mojstrana
Triglavski
1898
Špik
2473
Škrlatica
2738
Predor Karavanke
(7864 m)
Planina pod Golico
1334
Javorniški Rovt
Hrušica
Jesenice
Jerebikovec
1593
1446
Slovenski Javornik
Koroška Bela
Potoki
452
Moste
Žirovnica
Breznica
Vrba
638
Smokuč
Zgornja Radovna
Bistrica
Slap Peričnik
Kot
Krma
Radovna
907
Blejska Dobrava
634
Zasip
Podhom
Sp.-Gorje
Zg.-
Krnica
Lukšnja
1758
Triglav
2864
Rjavina
2530
Debela peč
2014
1959
Kanjavec
2568
Tosc
2273
Debeli vrh
2390
2087
narodni
Rudno Polje
Mesnovec
1538
1482
Goreljek
Mrzli Studenec
Zatrnik
1107
905
Bohinjska Bela
Pleša
1331
Obrne
Kupljenik
Jama pod Babjim zobom
1128
Blejski grad
S 103
Bled
Blejsko j.
C 120
Lesce
C 207
Ribno
Lancovo
176
Hlebce
Zgoša
Rodine
Jelovica
Koprivnik v Bohinju
Gorjuše
209
1624
Pršivec
1761
C 119
Ukanc
Bohinjsko jez.
904
Stara Fužina
Zoisov grad
633
Srednja vas v Bohinju
Bohinjska Češnjica
946
Jereka
Nomenj
Bitnje
C 118
S 102
Sava Bohinjka
Ribčev Laz
Polje
Bohinjska Bistrica
909
Nemški Rovt
Visoki vrh
1395
Rastoka
1122
1303
Partizanski vrh
1411
1387
Park
Vogel
1922
Rodica
1966
Črna prst
1844
Kal
Možic
1602
Bohinjsko sedlo
1277
Kobla
1498
Bača pri Podbrdu
Lajnar
1547
Brezno na Pečani
Altemaver
1667
Zgornje Danje
Spodnje Danje
Zgornja Sorica
Spodnja Sorica
910
403
Zali Log
Podlonk
Rudno
911
Češnjica
Dražgoše
834
635
Železniki
Selščica
Kneške Ravne
Grant
1120
Podbrdo
Petrovo Brdo
1105
912
Ojstri Vrh
1085
Lisec
1146
Kneža
Sela
Loje
Temljine
Kotel
1174
Koritnica
Hudajužna
1137
Bača
1514
Škofjeloški
Porezen
1630
Davča
Martinj Vrh
Blegoš
1562
1217
Stari vrh
Klavže
Oblοke
Zakojca
Gorenji Novaki
Part. bol. Franja
Grahovo ob Bači
Bukovo
1303
Jesenica
Gorje
Poče
182
Leskovica
Dolenji Novaki
Ponikve
Bukovski Vrh
Orehek
Zakriž
1
2
3
4
5
6

168
183
175
A
B
C
D
1
2
3
4
5
6
Ferlach
Kappel a. d. Drau
St. Johann im Rosental
Unterbergen
Singerberg 1589
Windisch Bleiberg
Slovenji Plajberk
Unterloibl
Waidisch
Matzen 1627
1688
Freibach Stausee
Freibach
Hochobir 2139
Obirhöhlen
Rechberg
Rebrca
1624
Freiberg 1923
Obir Alm
Kl. Loiblpass 770
1840
Zell-Freibach
Sele-Borovnica
Schaidasattel
1068
St. Leonhard
Bodental
Loibltal
Zell-Pfarre
Sele-Fara
Ebriach
Obirsko
Skarbina
Koschutnikturm 2136
1575
Loibl-tunnel (1,6 km)
Loiblpass 1367
Ljubelj
Koschuta 2087
2092
Veliki vrh
2063
Trögern
Korte
Seeberg-sattel
Bad Vellach
Bela
1215 Jezersko
1654
C 208
Podljubelj
Jelendol
Tržiška Bistrica
Zg. Jezersko
Sp. Jezersko
2127
V. Baba 2127
Sv. Peter
Grad Kamen
Dobrča 1634
Begunje na Gorenjskem
Čadovlje pri Tržiču
Grahovše
1716
1628
Skuta 2533
2539
Grintovec 2558
Brezje pri Tržiču
Tržič
Lom pod Storžičem
Lomščica
S 200
S 201
Leše
Pristava
Spodnji Otok
Tolsti vrh 1715
Storžič 2132
Srednji vrh 1853
Kovor
Križe
Golnik
Zvirče
Brezje
892
Sv. Miklavž
1435
2224
C 209
Vrh Korena 1999
Žiganja vas
Goriče
Trstenik
Bašelj
Potoče
Kokra
Krvavec 1853
Otoče
Ljubno
Sr. Dobrava
Brezovica
Podnart
Kropa
Ovsiše
Podbrezje
Letenice
Spodnje Duplje
Tenetiše
Zgornja Bela
Preddvor
Srednja Bela
Breg
Tupaliče
Možjanca
Štefanja Gora
748
Strahinj
Bistrica
Hotemaže
Stiška vas
Klemenče
Njivica
Sava
Naklo
Mlaka pri Kranju
Brdo
Predoslje
Visoko
Olševek
Adergas
Luže
Velesovo
Ambrož pod Krvavcem
Kokrica
Britof
Grad Strmol
Apno
Bistričica
Jeralovo brezno
707
Zgornja Besnica
Spodnja Besnica
Podblica
S 202
Sr. vas pri Šenčurju
Cerklje na Gorenjskem
Grad
Poženik
Šenturška Gora
Šmartno
Šenčur
Zabrekve
Pševo
Zg. Brnik
Zalog pri Cerkljah
Doblič
Cerkljanska
Tunjice
Kranj
Čepulje
Bukovščica
Planica 823
Zgornje Bitnje
Srednje Bitnje
Spodnje Bitnje
Hrastje
Vokle
Voglje
Letališče Ljubljana
Sp. Brnik
Lahovče
Klanec
Selca
Dolenja vas
Breg ob Savi
Prebačevo
Šutna
Gmajnica
Komenda
Ševlje
Križna Gora
Crngrob
Bukovica
Praprotno
Žabnica
Praše
Trboje
Moste
Križ
Lenart nad Lušo
Luša
Sv. Duh
Mavčiče
Vodice
Suhodole
Zapreval
Lubnik 1025
Virmaše
Hraše
Zapoge
Repnje
Utik
Koseze
Suha
Godešič
Podreča
Valburga
Smlednik
Menges
Breznica pod Lubnikom
Zminec
Škofja Loka
Reteče
Zbilje
Polje pri Vodicah
Skaručna
Vojsko
Loka pri Mengšu
Jablje
Trzin
Brode
Verje
Zg. Pirniče
Medvode
641
Goričane
Wildensteiner Wasserfall
Weizelsdorf
Strau
Kirsch-entheuer
Ressnig
Unterferlach
Seidolach
Oberdörfl
St. Margareten i. Rosental
Jerischach
Strugariach
Strugarje

169
184
178
177
Ravne na Koroškem
Prevalje
Mežica
Črna na Koroškem
Feistritzen Spitze
Topitza
Koprein Sonnseite Koprivna
Čofatijev vrh
Koprivna
Sv. Jakob
Meža
Bistra
Smrekovško pogorje
Travnik
Komen
Smrekovec
Sv. Uršula
Plešivec
Sv. Jošt
Javorje
Ludranski Vrh
Šentvid pri Zavodnju
Bele Vode
Sv. Križ
Topolšica
Florjan
Šmihel nad Mozirjem
Boskovec
Radegunda
Planina
Primož pri Ljubnem
Konjski Vrh
Strmec
Raduha
Ljubno ob Savinji
Savinja
Luče
Lučnica
Krnica
Savina
Mozirje
Nazarje
Prihova
Rečica ob Savinji
Okonina
Juvanje
Poljane
Radmirje
Straže
Šentjanž
Homec
Sp. Pobrežje
Kokarje
Potok
Pusto Polje
Spodnje Kraše
Šmartno ob Dreti
Tolsti vrh
Žovnek
Gornji Grad
S 205
Dreta
Dol
Bočna
Rovt pod Menino
Menina planina
Vivodnik
Nova Štifta
Šmiklavž
Kališe
Krivčevo
Črna pri Kamniku
Sv. Primož
Velika pl.
Podvolovljek
V. Rogatec
Lenart pri Gornjem Gradu
Florjan pri Gor. Gr.
Podveža
Alpe
Ojstrica
Robanov Kot
Vel. Raduha
Solčava
Logarska Dolina
Podolševa
Potočka zijalka
Govca
St. Margarethen
Leppen Lepena
Eisenkappel Železna Kapla
Sv. Jeronim
Prapreče
Vransko
Jeronim
Ločica
Kučnica
Motnik
Zajasovnik
Motnišnica
Špitalič
Bela
Okrog pri Motniku
Češnjice v Tuhinju
Cirkuše v Tuhinju
Šmartno v Tuhinju
Zgornji Tuhinj
Laze v Tuhinju
Ravne pri Šmartnem
Srednja vas pri Kamniku
S 204
Žubjevo
Trobelno
Nevljica
Mekinje
Vrhpolje pri Kamniku
Poreber
Gozd
Godič
Buč
Pšajnovica
Velink
Zlato Polje
Češnjice
Zlatenek
Šentožbolt
Trojane
Polšina
Šentgotard
Čemšenik
Čemšeniška pl.
Jesenovo
Ržiše
Čebine
Kolovrat
Podlipovica
Izlake
Medija
Limbarska gora
Limbarska Gora
Krašnja
Vrh nad Krašnjo
Blagovica
Čeplje
S 203
Lukovica pri Domžalah
Rafolče
Radomlje
Hudo
Rova
Kolovec
Arboretum Volčji Potok
Prevoje
Šentvid pri Luk.
Negastrn
Videm pri Luk.
Dole pri Krašcah
Studenec pri Krtini
Krtina
Dob
Količevo
Moravče
Pretrž
Kandrše
Brišе
Mlinše
Šemnik

170
185
177
A
B
C
D
1
2
3
4
5
6
Slovenj Gradec
S 206
Sv. Marija
Sv. Jurij
Sv. Rok
Šmartno pri Slov. Gradcu
Turiška vas
Razborca
Mislinja
Vovkarje
Sv. Helena
Huda luknja
Paški Kozjak
Basališče
1273
Velenje
Muzej premogovništva Slovenije
C 210
Šoštanj
Lokovica
Veliki Vrh
Vel. Kopa
1542
S 302
Rogla
1517
Lovrenška jez.
1392
Volovica
1455
Plešič
1407
Stenica
1091
Lindek
Zdravilišče Dobrna
Dobrna
Vojnik
Frankolovo
Črešnjice
Polzela
Jama Pekel
Žalec
S 500
C 520
Šempeter v Savinj. dolini
Rimska nekropola
Prebold
S 501
Celje
Grotija
Stari grad
S 412
C 415
S 411
Štore
Tremerje
S 502
S 503
S 504
Laško
Mrzlica
1121
Gozdnik
1090
Trbovlje
Hrastnik
Savinja
Paka
Mislinja
Hudinja
Voglajna
Rečica
Dobrnica
Šmartinsko j.
Žovneško j.

171
186
180
E
F
G
H
1
2
3
4
5
6
Ruše
Lobnica
Smolnik
Sv. Bolfenk
1147
Razvanje
Betnava
Zg. Voličina
Zimica
Zg. Korena
Sp. Korena
Zg. Duplek
Sp. Duplek
Miklavž na Dravskem polju
Rogoza
Sp. Hoče
Letališče Maribor
Žigartov vrh
1346
Sv. Areh
Lobnica
Slivniško Pohorje
Slivnica pri Mariboru
Dobrovce
Loka
Dvorjane
Vurberk
Rošnja
Orehova vas
Radizel
Hotinja vas
Starše
Krčevina p. Vurbergu
Zlatoličje
Bojtina
Frajhajm
Kopivnik
Fram
Morje
Rače
Smrečno
Dravsko polje
Marjeta na Dravskem polju
Prepolje
Brunšvik
Podova
Vel. vrh
1347
Kot
Šmartno na Pohorju
Bistrica
Polskava
Gabrnik
Zg. Polskava
Ritoznoj
922
Veliko Tinje
Kungota pri Ptuju
Gerečja vas
Kebelj
Koritno
Klopce
Sp. Polskava
Kidričevo
Šikole
S 410
Zg. Bistrica
Slov. Bistrica
Zg. Ložnica
Pragersko
Leskovec
Cirkovce
Čadram
Oplotnica
Straža
Sp. Ložnica
Vinarje
Vrhole pri Slov. Konjicah
Cigonca
Črešnjevec
Stari Log
Pleterje
Apače
Lovrenc na Dravskem polju
Sela
Malahorna
Bezina
Pobrež
Sp. Grušovje
Vrhloga
Zadrževalnik Medvedce
Sestrže
Polskava
Medvedce
Podlože
Majšperk
Ptujska Gora
Stogovci
Doklece
Tepanje
Dravinja
Žabljek
Zgornja Brežnica
Ličenca
Laporje
Ložnica
Pretrež
Trnovec pri Slov. Bistrici
Lešje
Breg
Pečke
Kočno ob Ložnici
Štatenberg
Konjiška vas
Draža vas
Sveti Jernej
Spodnja Brežnica
Poljčane
Sp. Poljčane
Makole
Jelovec pri Makolah
Naraplje
Janški Vrh
Žiče
Koble
Suhadol
Loče
Zbelovo
Zg. Poljčane
Studenice
Zg. Sveča
623
Kočice
Mlače
574
Lipoglav
Zbelovska Gora
Boč
978
Stari Grad
Babna Loka
Grdina
Nadole
Stoperce
Dobrina
Slomščica
Dolga Gora
Zgornji Gabrnik
Žetale
Lutrje
Sv. Marija
Drevenik
Zgornje Negonje
675
Sv. Florijan
881
Sladka Gora
Lemberg pri Šmarju
Zgornja Kostrivnica
Irje
Cerovec pod Bočem
Strmec pri Sv. Florijanu
Tlake
Donačka Gora
718
Ponikva
Pijovci
Podplat
Tekačevo
Žahenberc
Maceljski
Vrh
Dvor
S 510
Mestinje
Sp. Sečovo
Log
Šentvid pri Grob.
Zadrže
Sv. Rok
Šmarje pri Jelšah
Rogaška Slatina
Tržišče
Rogatec
486
Kristan Vrh
Brestovec
Sutla
Mali Tabor
Dobovec pri Rogatcu
Hromec
Tratna pri Grobelnem
Cerovec pri Šmarju
Šerovo
Prišlin
Hum na Sutli
Klenovec Humski
Slivniško j.
Pristava pri Mestinju
S 511
Druškovec Humski
Zibika
Sveti Štefan
Rakitovec
Strtenica
Roginska Gorca
Brezno-Gora
Kosteljina
Bregi Kostelski
561
Vonarje
499
Kostelski grad
521
Turno
Tinski p.
Sodna vas
Zg. Tinsko
C 521
474
Desinić Gora
Pregrada
686
V. Špička
Loka pri Žusmu
Olimje
Podčetrtek
Veliki
Dubravica Desinićka
669
Košnica
Dobrina
Slake
Desinić
Sopot
Ivanić Desinićki
Poljana
Cigrovec

172
179
180
A
B
C
D
1
2
3
4
5
6
S 310
S 311
S 312
S 404
S 405
S 406+407
S 408
S 409
C 414
Radenci
Gradišče
Krog
Mura
Kanal
Ledava-Mura
Bakovci
Hrastje-Mota
Paričjak
Kapelski Vrh
Ivanjševski Vrh
Radvenci
Ihova
Drvanja
Kremberk
Žice
Benedikt v Slov. goricah
Sp. Žerjavci
Zg. Žerjavci
Zg. Porčič
Negova
Kraj. Park Negova in Negovsko Jezero
Sp. Ivanjci
Cogetinci
Grabonoš
Okoslavci
Rožički vrh
Vučja vas
Dokležovje
Veržej
Bučečovci
Stara Nova vas
Lenart v Slov. goricah
Sv. Trojica v Slov. goricah
Osek
Sp. Senarska
Cerkvenjak
Kraljevci
Sv. Jurij ob Ščavnici
Selišči
Slaptinci
Križevci pri Ljutomeru
Grlava
Boreci
Sovjak
Čagona
Andrenci
Smolinci
Kutinci
Logarovci
Bolehnečici
Berkovci
Ključarovci pri Ljutomeru
Ščavnica
Pesnica
Gočova
Zavrh
Črmljenšak
Drvanja
Drbetinci
Novinci
Lukavci
Selce
Biš
Rjavci
Mala Nedelja
Radoslavci
Branoslavci
Ljutomer
Trnovska vas
Moravci v Slov. goricah
Bučkovci
Cezanjevci
Straže
Ločič
Gomila
352
Godemarci
Stara Cesta
Radomerje
Grlinci
Sakušak
Svetinci
Rucmanci
Koračice
Žerovinci
Jiršovci
Destrnik
Levanjci
Gradišče pri Ormožu
Lahonci
Janežovski Vrh
Bratislavci
Gabrnik
Kukava
Savci
Polenšak
Runeč
Janežovci
Sp. Velovlek
Hlaponci
Ivanjkovci
Polenci
Mihalovci
Placar
Kicar
Pacinje
Sejanci
Grajena
Mestni Vrh
Dornava
Mezgovci ob Pesnici
Vičanci
Libanja
Pogoznica
Podvinci
Sodinci
Podgorci
Lešnica
Pavlovci
Ptujski grad
Ptuj
Borovci
Moškanjci
V. Nedelja
Ormož
Sp. Hajdina
Zg. Hajdina
Spuhlja
Cvetkovci
Gorišnica
Pušenci
Zabovci
Zagojiči
Sobetinci
Markovci
Gajevci
Ptujsko j.
Dražerici
Pobrežje
Bukovci
Muretinci
Zavrč
Ormoško j.
Nova vas pri Markovcih
Stojnci
Drava
Lancova
Videm pri Ptuju
V. Lovrečan
Cestica
Borl
Sv. Ana
Hrastovec
Jurovci
Tržec
Vareja
Gradišča
Brezovec
G. Vratno
325
Zg. Pristava
Soviče
Cirkulane
Natkrižovljan
Vinica
Podlehnik
Korenjak
Križanče
Gorca
Strmec pri Leskovcu
Zgornji Leskovec
Mali Okič
382
Paradiž
G. Voća
Mala Varnica
396
Rijeka-Voćanska
Kozminci
Sedlašek
494
Zalužje
Zlogonje
D. Voća
Velika Varnica
Jazbina Cvetlinska
D. Višnjica
Zgornje Gruškovje
Vukovoj
300
Ravna gora
686
Cvetlin
Draškovic
Jamno
Brezova Gora
Meljan
Klenovnik
Lipovnik
Donji Macelj
377
Macelj
Vranojelje
Trakošćan
Prebukovje
Žarovnica
Dubravec
Pleš
Kameničko Podgorje
Bedenec
Bednja

Nova Gorica
Gorizia
Gorica
Monfalcone
Tržič
Golfo di Panzano
Ronchi dei Legionari
Ronke
Gradisca d'Isonzo
Gradišče
Kanal
Deskle
Solkan
Kromberk
Grad Kromberk
Kostanjevica
Rožna Dolina
Šempeter pri Gor.
Vrtojba
Miren
Bilje
Renče
Prvačina
Dornberk
Branik
Grad Rihemberk
Štanjel
Komen
Devica Marija Obršljanska
Sveta gora
Sv. Volbenk
Biljana
Šmartno
Kojsko
Sistiana
Duino
Ris. Naturale d. Falesi e di Duino
Cittadella
Trnovo
Šempas
Ozeljan
Ajševica
Šmihel
Kraj. Park Južni Obronki Trnovskega Gozda
C 615
C 614
C 613
S 602
6

174
187
182

175
181
188
Cerkno
Ravenska jama
Idrija
Grad Gewerkenegg
Indrijski Rudnik
Heritage of Mercury
S 600
Spodnja Idrija
Žiri
Gorenja vas
Logatec
Postojna
Postojnska jama
Pivka jama
Predjamski grad
Ajdovščina
Vipava
Vipavski Križ
Razdrto
C 609
C 610
C 611
C 608
S 601
Nanos
Hrušica
Trnovski gozd
Polhograjsko
Kraj. Park Zgornja Idrijca
Kraj. Park Južni in Zahodni Obronki Nanosa
Godovič
Hotedršica
Kalce
Planina
Lokavec
Črni Vrh
Predgriže
Javornik 1240
Debeli hrib 1209
Suhi vrh 1313
Pleša 1262
Srednja gora 1275
Obli vrh 1109
Špičasti vrh 1128
Bevkov vrh 1051
Jelenk 1108
Planinica 1170

176
189
184
E
F
G
H
1
2
3
4
5
6
LJUBLJANA
Domžale
Grosuplje
Ljubljansko Barje
Vrhnika
Borovnica
Cerknica
Rakek
Horjul
Dragomer
Brezovica pri Ljubljani
Log pri Brezovici
Lukovica pri Brez.
Notranje Gorice
Vnanje Gorice
Črna vas
Ig
Škofljica
Lavrica
Šmarje-Sap
Turjak
Turjaški grad
Velike Lašče
Prehistoric pile dwellings
Iški Vintgar
Krim
1107
Mokrec
1059
Slivnica
1114
Cerkniško jezero
Cerkniško polje
Bloke
Menišija
Polhov Gradec
Ljubljanica
Sava
Iška
Zala
Šmarna gora
Sv. Urh
Tabor
Županova jama
Križna jama
Bistra
Zelše
Rak
S 515
S 516
S 517
S 518
S 519
C 528
5
6
409
642
643
728
106
211
212
647
646
614
108
742
407
645
653

177

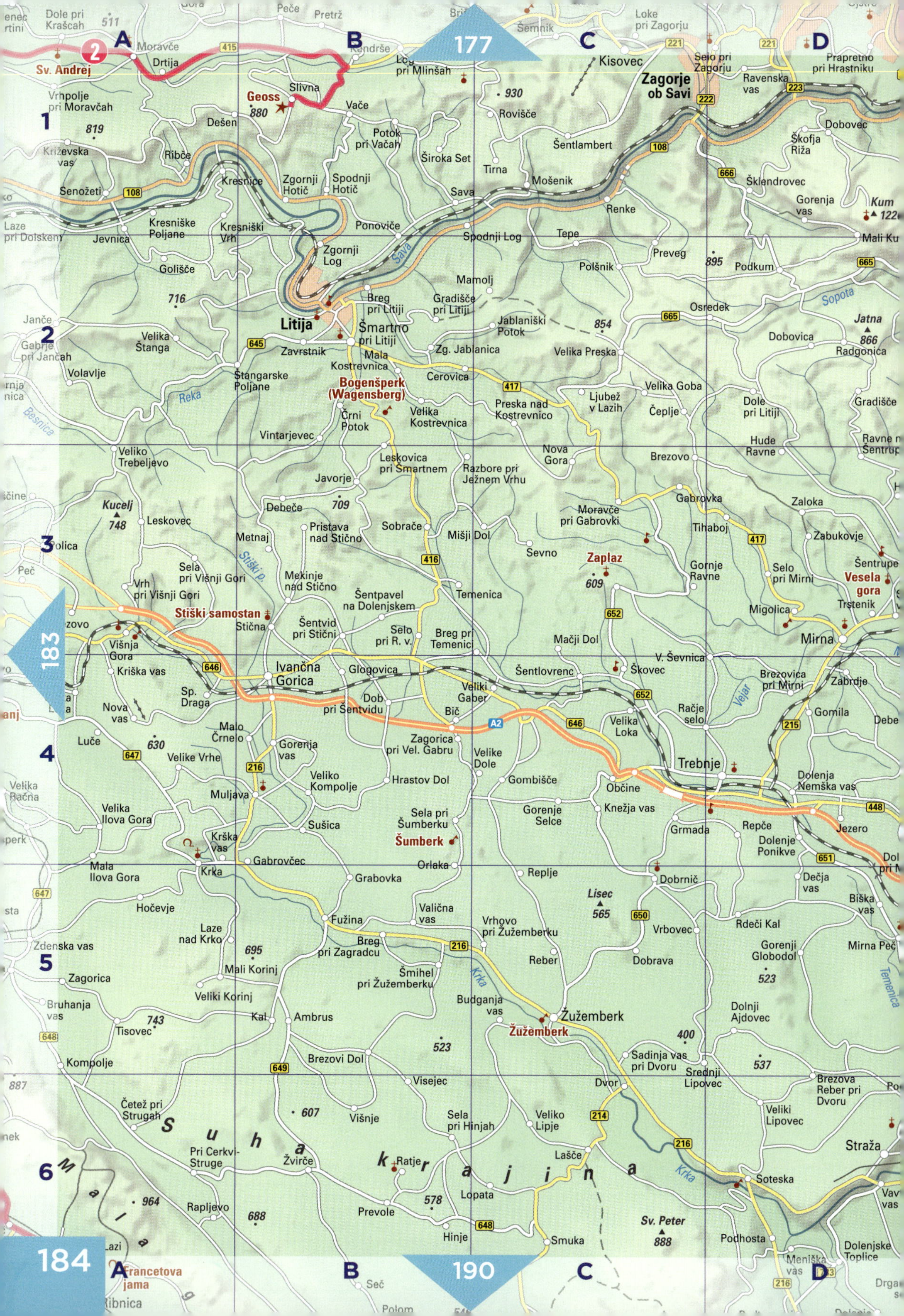

Sv. Andrej
Moravče
Drtija
Geoss
880
Slivna
Vače
Vrhpolje pri Moravčah
819
Dešen
Križevska vas
Ribče
Senožeti
Kresnice
Zgornji Hotič
Spodnji Hotič
Potok pri Vačah
Široka Set
Tirna
Sava
Rovišče
930
Šentlambert
Mošenik
Kisovec
Zagorje ob Savi
Selo pri Zagorju
Ravenska vas
Praprетno pri Hrastniku
Dobovec
Škofja Riža
Šklendrovec
Gorenja vas
Kum
Mali Ku
Renke
Tepe
Spodnji Log
Ponoviče
Kresniške Poljane
Kresniški Vrh
Jevnica
Laze pri Dolskem
Goliše
Zgornji Log
Breg pri Litiji
Gradišče pri Litiji
Mamolj
Polšnik
Preveg
895
Podkum
716
Litija
Šmartno pri Litiji
Mala Kostrevnica
Zavrstnik
Velika Štanga
Jablaniški Potok
Zg. Jablanica
854
Velika Preska
Osredek
Sopota
Jatna
866
Dobovica
Radgonica
Volavlje
Štangarske Poljane
Reka
Bogenšperk (Wagensberg)
Cerovica
Preska nad Kostrevnico
Velika Kostrevnica
Črni Potok
Vintarjevec
Ljubež v Lazih
Velika Goba
Čeplje
Dole pri Litiji
Gradišče
Hude Ravne
Veliko Trebeljevo
Leskovica pri Šmartnem
Razbore pri Ježnem Vrhu
Nova Gora
Brezovo
Javorje
709
Debeče
Kucelj
748
Leskovec
Pristava nad Stično
Sobrače
Mišji Dol
Sevno
Moravče pri Gabrovki
Gabrovka
Tihaboj
Zaloka
Zabukovje
Zaplaz
609
Gornje Ravne
Selo pri Mirni
Šentrupert
Vesela gora
Metnaj
Stiški p.
Sela pri Višnji Gori
Vrh pri Višnji Gori
Mekinje nad Stičnom
Temenica
Šentpavel na Dolenjskem
Stiški samostan
Stična
Šentvid pri Stični
Selo pri R. v.
Breg pri Temenici
Mačji Dol
Škovec
V. Ševnica
Migolica
Trstenik
Mirna
Višnja Gora
Kriška vas
Ivančna Gorica
Glogovica
Šentlovrenc
Sp. Draga
Nova vas
Dob pri Šentvidu
Veliki Gaber
Bič
Brezovica pri Mirni
Zabrdje
Račje selo
Vejar
Gomila
Velika Loka
Luče
630
Malo Črnelo
Gorenja vas
Zagorica pri Vel. Gabru
Velike Dole
Gombišče
Trebnje
Občine
Dolenja Nemška vas
Velike Vrhe
Veliko Kompolje
Hrastov Dol
Gorenje Selce
Knežja vas
Jezero
Velika Ilova Gora
Muljava
Sela pri Šumberku
Šumberk
Grmada
Repče
Dolenje Ponikve
Krška vas
Sušica
Gabrovčec
Mala Ilova Gora
Krka
Orlaka
Grabovka
Replje
Dobrnič
Dečja vas
Biška vas
Hočevje
Valična vas
Lisec
565
Laze nad Krko
Fužina
Vrhovo pri Žužemberku
Vrbovec
Rdeči Kal
Mirna Peč
Zdenska vas
695
Breg pri Zagradcu
Reber
Dobrava
Gorenji Globodol
Zagorica
Mali Korinj
Šmihel pri Žužemberku
523
Bruhanja vas
Veliki Korinj
Budganja vas
Žužemberk
Dolnji Ajdovec
Temenica
Tisovec
743
Kal
Ambrus
400
Kompolje
Brezovi Dol
Sadinja vas pri Dvoru
Srednji Lipovec
537
887
Visejec
Dvor
Brezova Reber pri Dvoru
Četež pri Strugah
607
Sela pri Hinjah
Veliko Lipje
Veliki Lipovec
Suha krajina
Višnje
Lašče
Straža
Pri Cerkvi-Struge
Žvirče
Ratje
Soteska
Mala gora
964
Rapljevo
688
Prevole
578
Lopata
Sv. Peter
888
Hinje
Smuka
Podhosta
Dolenjske Toplice
Meniška vas
Lazi
Francetova jama
Ribnica
Seč
Polom
Dole pri Kraščah
511
Peče
Pretrž
Rendrše
Log pri Mlinšah
Šemnik
Loke pri Zagorju
Sava
Krka
A
B
C
D
1
2
3
4
5
6
415
108
222
223
221
666
665
645
417
416
652
646
A2
216
647
448
651
650
649
648
214
183
190

178
191
186
E
F
G
H
1
2
3
4
5
6
Novo Mesto
Sevnica
Radeče
Senovo
Šentjernej
Škocjan
Rimske Toplice
Zidani Most
Globoko
Jurklošter
Kostanjevica na Krki
Kostanjeviški grad
Kostanjeviška jama
Slinovce
Kartuzija Pleterje
Klevevž
Hmeljnik
Sv. Miklavž
Ajdovski gradec
Rudenik
V. Javornik
Lisca
V. Špica
Pirčev hrib
Trdinov
Sava
Mirna
Radulja
Gračnica
Sevnična
Račna
Krka
Hinja
S 505
S 506
S 507
S 508
S 513
5
Boštanj
Dolenji Boštanj
Konjsko
Log
Lukovec
Blanca
Rožno
Brestanica
Krmelj
Gabrijele
Mokronog
Zbure
Šmarjeta
Dobruška vas
Hudenje
Grmovlje
Dobrava pri Škocjanu
Zameško
Koprivnik
Smednik
Gamajna
Križišče
Zaloke
Drnovo
Veliki Podlog
Otočec
Ratež
Orehovica
Gorenja Brezovica
Mokro Polje
Šmarje
Orehovec
Oštrc
Prušnja vas
Podbočje
Šutna
Veliko Mraševo
Malo Mraševo
Malence
Leskovec pri Krškem
Veniše
Raka
Bučka
Zagrad
Zloganje
Telčice
Jelendol
Brezovo
Zavratec
Druščе
Tržišče
Škovec
Malkovec
Gabrje
Hotemež
Vrhovo
Novi Grad
Breg
Kompolje
Ledina
Orehovo
Podgorica
Polana
Lokavec
Planina pri Sevnici
Doropolje
Šentvid pri Planini
Zagorje
Bistrica
Planinska vas
Dobje pri Lesičnem
Žegar
Presečno
Dobje pri Planini
Brodnice
Stopiče
Hrušica
Gabrje
Dolž
Stranska vas
Koroška vas
Boričevo
Tomaševci
Petričko Selo
Gornja Ves
Sopote
Budinjak
Ravnina
Gorjanci

179
185
191
186
A
B
C
D
1
2
3
4
5
6
Krško
Brežice
Samobor
Senovo
Kozje
Podsreda
Bizeljsko
Kostanjevica na Krki
Kostanjeviški grad
Kostanjeviška jama
Slinovce
Kartuzija Pleterje
Grad Mokrice
Pišece
Svete gore
Vilinska jama
Okić
Bregana
Dobova
Sava
Krka
Sotla
Bistrica
Močnik
S 507
S 508
S 509
S 512
Gorjanci
Bohor
Trebče
Kozjanski park
Spominski
1023 V. Javornik
686 V. Špiček
621 Goli Cirnik
860 Ravnina
721 Plešivica

Monfalcone
Tržič
Golfo di Panzano
Golfo di Trieste
Tržaški zaliv
TRIESTE
Trst
Baia di Muggia
Muggia
Milje
Koprski zaliv
Koper
Capodistria
Izola
Isola
Piran
Pirano
Portorož
Portorose
Lucija
Lucia
Piranski zaliv
Umag
Umago
Sistiana
Sesljan
Duino
Aurisina
Nebrežina
S. Croce
Križ
Prosecco
Prosek
Miramare
Villa Opicina
Opčine
Sežana
Grotta Gigante
S. Giusto
Ankaran
Ancarano
Dekani
Sp. Škofije
Sv. Anton
Sečovlje
Sicciole
C 617
C 618
C 619
C 620
S 604
S 605
S 606
S 607
181
188

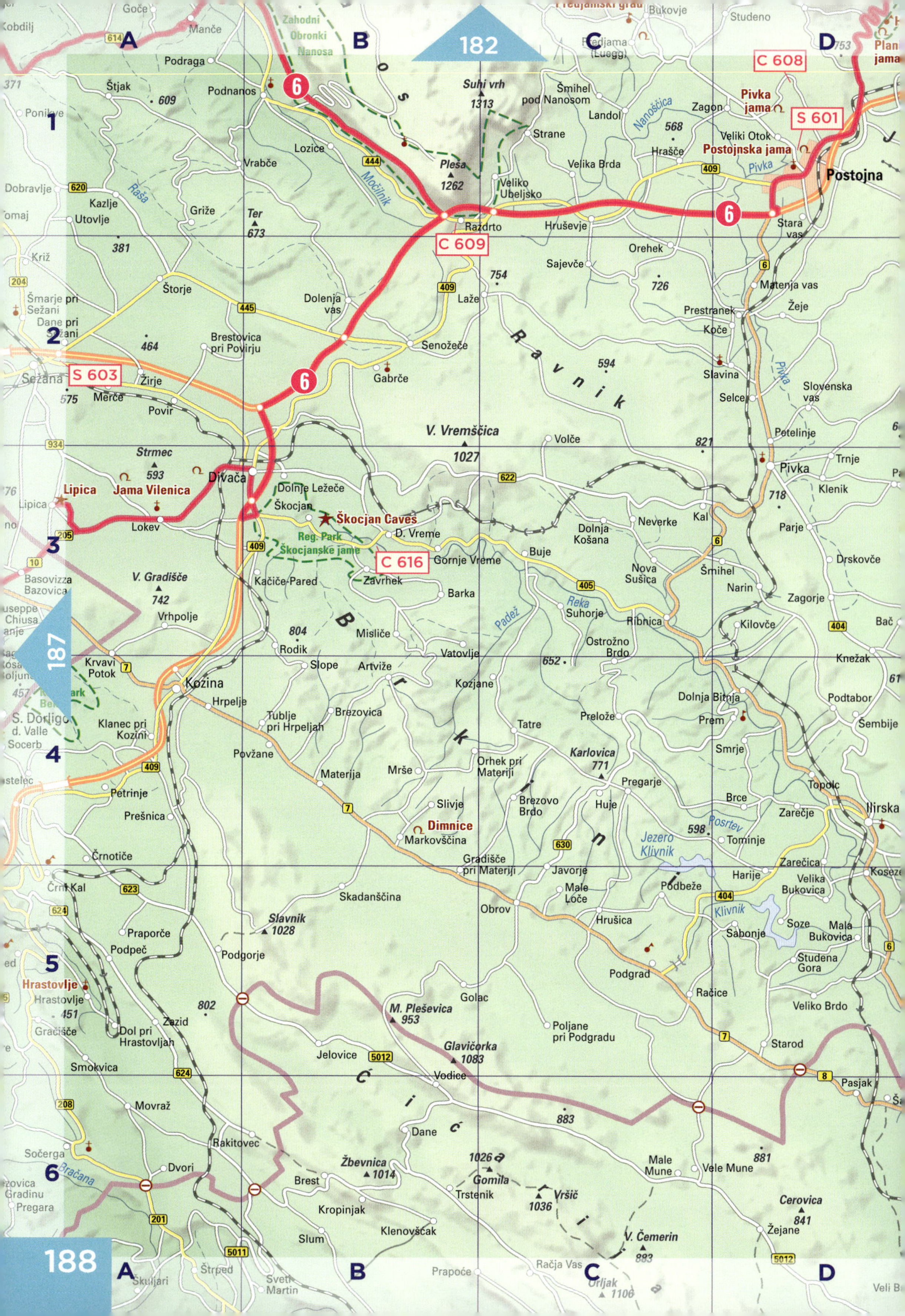

182
187
188
A
B
C
D
1
2
3
4
5
6
Postojna
Postojnska jama
Pivka jama
S 601
C 608
S 603
C 609
C 616
Škocjan Caves
Reg. Park Škocjanske jame
Jama Vilenica
Lipica
Dimnice
Hrastovlje
Divača
Kozina
Pivka
Ilirska
Sežana
Suhi vrh
1313
Pleša
1262
Zahodni Obronki Nanosa
Podnanos
Podraga
Štjak
Lozice
Vrabče
Kazlje
Utovlje
Griže
Ter
673
Razdrto
Hruševje
Orehek
Sajevče
Veliko Ubeljsko
Velika Brda
Strane
Landol
Šmihel pod Nanosom
Zagon
Veliki Otok
Hrašče
Stara vas
Matenja vas
Žeje
Prestranek
Koče
Slavina
Selce
Slovenska vas
Petelinje
Trnje
Klenik
Parje
Drskovče
Zagorje
Narin
Šmihel
Kal
Neverke
Nova Sušica
Dolnja Košana
Buje
Gornje Vreme
D. Vreme
Dolnje Ležeče
Škocjan
Lokev
Strmec
593
Štorje
Dolenja vas
Laže
Senožeče
Gabrče
Brestovica pri Povirju
Žirje
Merče
Povir
V. Vremščica
1027
Volče
Ravnik
Kačiče-Pared
Zavrhek
Barka
Misliče
Vatovlje
Rodik
Slope
Artviže
Kozjane
V. Gradišče
742
Vrhpolje
Krvavi Potok
Klanec pri Kozini
Hrpelje
Tublje pri Hrpeljah
Brezovica
Povžane
Materija
Mrše
Orehek pri Materiji
Slivje
Brezovo Brdo
Markovščina
Gradišče pri Materiji
Javorje
Male Loče
Obrov
Hrušica
Podbeže
Skadanščina
Slavnik
1028
Podgorje
Petrinje
Prešnica
Črnotiče
Črni Kal
Praproče
Podpeč
Dol pri Hrastovljah
Zazid
Smokvica
Movraž
Rakitovec
Dvori
Sočerga
Bračana
Brest
Kropinjak
Slum
Klenovščak
Trstenik
Žbevnica
1014
Gomila
1026
Vršič
1036
V. Čemerin
883
Dane
Vodice
Glavičorka
1083
Jelovice
M. Plešivica
953
Golac
Poljane pri Podgradu
Podgrad
Račice
Starod
Pasjak
Veliko Brdo
Male Mune
Vele Mune
Cerovica
841
Žejane
Studena Gora
Mala Bukovica
Velika Bukovica
Soze
Šabonje
Harije
Zarečica
Tominje
Jezero Klivnik
Klivnik
Brce
Zarečje
Topolc
Smrje
Prem
Dolnja Bitnja
Podtabor
Sembije
Knežak
Kilovče
Ribnica
Suhorje
Ostrožno Brdo
Prelože
Karlovica
771
Pregarje
Huje
Tatre
Ravnik
Brkini
Ćićarija
Močilnik
Nanoščica
Pivka
Raša
Reka
Padež
Posrtev
Prapoče
Račja Vas
Orljak
1106
Štrped
Sveti Martin
Studeno

183
190
189
E
F
G
H
1
2
3
4
5
6
Cerknica
Zelše
Rakek
Begunje pri Cerknici
Dolenja vas
Dolenje Jezero
Martinjak
1114 Slivnica
Grahovo
Žerovnica
Cerkniško polje
Cerkniško jezero
Stržen
Otok
Gorenje Jezero
Laze pri Gor. Jezeru
986
Debela gora 1073
Lačnik 1103
Podslivnica
Ulaka
Velike Bloke
828
Bloška Polica
Križna jama
Križna gora
884
Bloke
Nova vas
Volčje
Krampije
Bloščica
Studenec na Blokah
Topol
Metulje
Ravne na Blokah
1062 Blošček
Petrinci
Lužarji
Karlovica
Mala Slevica
Sveti Gregor
870
Kotel
Žimarice
Podklanec
Bistrica
Sodražica
Zamostec
Lipovšica
Nova Štifta
Velika Gora
Mali Log
1117
Retje
Hrib-Loški Potok
Jelenov Žleb
Travnik
Lož
Stari trg pri Ložu
Dane
Obrh
Nadlesk
Markovec
1140 Racna gora
Pudob
Iga vas
Kozarišče
Grad Snežnik
Kraj. Park Graščinski Kompleks Snežnik
Babna Polica
Petelinjek 1212
Smrečnica 1190
Škodovnik 1260
Dedna gora 1293
1236
1131
Babno Polje
Požar 1033
Prezid
Novi Kot
Kozji Vrh
Lautari
1170
1075
1084
Podpreska
Draga
Parg 1096
Stari Kot
Sušni vrh 1231
Kraj. Park Mašun
Javor 1323
1260
Snežnik
V. Snežnik 1796
Suhi vrh 1171
V. Ojstrica 1252
Udnik 1381
Sviščaki
Gorači
Podplanina
Trava
Čabar
Čabranka
Gor. Žagari
Don. Žagari
Makov Hrib
1124
Crni Lazi
Lazi
Tršće
1149
Argan 1388
Belica 1354
Kozlek 997
Jablanica
Zatrep 1458
Kuteževo
Podgraje
Trpčane
Zabiče
Reka
Novokračine
Sušak
Sušački p.
Lisac
940
Lipa
771
Škalnica
Klana
Studena
Breza
Ružići
1364 Smrekovac
1083
1012
Trstenik 1240
Obruč 1376
Fratar 1353
1381
Bukova gora 1431
G. Medvejci 1481
Jelenc 1442
M. Tisovac 1113
1150
Plešce
Smrečje
Mali Lug
Zamost
Gerovo
Hrib
Izvor Kupe
Gerovski Kraj
1145
Šeginšček
Kaličak 1050
Nacionalni
Snježnik 1505
V. Risnjak 1528
Risnjak
1338
606
Naredi
Kaplanovo
Ortr
765
Žlebič
1083
900
800

184
189
Kočevje
Ribnica
S 514
C 527
Kočevska Mala gora
Stojna
Goteniška gora
Mala gora
Suha krajina
Kočevski rog
Goteniški Snežnik
1290
Veliki Rog
1099
Ledena jama
Francetova jama
Kuželjska stena
Kupa
Kolpa
Krka
Rinža
Dobra
Kupica
Dolga vas
Livold
Mlaka pri Kočevju
Breg pri Kočevju
Slovenska vas
Stara Cerkev
Koblarji
Ložine
Dolenja vas
Lipovec
Prigorica
Nemška vas
Hrovača
Goriča vas
Dolenji Lazi
Žlebič
Ortnek
Šalka vas
Cvišlerji
Željne
Mala Gora
Stari Breg
Stari Log
Smuka
Soteska
Dvor
Podhosta
Podstenice
Baza 20
Kopa
Onek
Rajhenav
Koprivnik
Kočarji
Mozelj
Rajndol
Kačji Potok
Štalcerji
Novi Lazi
Morava
Muha vas
Podlesje
Grgelj
Spodnja Bilpa
Kostel
Nova sela
Banja Loka
Briga
Ajbelj
Osilnica
Brod na Kupi
Fara
Vas
Golik
Kuželj
Jelen brdo
Cerk
Zagolik
Borovec pri Kočevski Reki
Kočevska Reka
Gotenica
Jelendol
Grčarice
Rakitnica
Blate
Zadolje
Jurjevica
Laze pri Predgradu
Dol
Razdrto
Brod Moravice
Okrugljak
Tomići
Skrad
Zeleni vir
190

185

E
F
G
H
1
2
3
4
5
6
Novo Mesto
Metlika
Črnomelj
Semič
S 513
C 522
C 523+524
C 526
5
105
218
216
421
660
662
663
661
664
919
228
6
3
A1
Kupa
Kolpa
Lahinja
Kupčina
Bukovica
Dobra
Klamfer
Sušica
Gorjanci
Žumberačka gora
Bela krajina
Kraj. Park Lahinja
Kraj. Park Kolpa
Kartuzija Pleterje
Sv. Miklavž
Smuk
Trdinov vrh 1178
Kula 887
Pirčev hrib 934
Vodenica 537
Peščenik 846
V. Glavica 709
Ljuben 546
Ozalj
Kamanje
Vinica
Pribanjci
Dragatuš
Radovica
Jurovski Brod
Primostek
Gradac
Bubnjarci
Netretić
Ribnik
Stranska vas
Žumberački Kordići
Radatovići
Brezovica pri Metliki
Vivodina
Žakanje
Preloka
Žuniči
Adlešiči
Dolenjci
Bedenj
Kanižarica
Dobliče
Vukova Gorica
Jarče Polje
Bosanci
Vrhova Gorica

IMPRESSUM

Verantwortlich: Kerstin Thiele
Lektorat: Michaela Zelfel
Layout: Elke Mader
Repro: Cromika / LUDWIG:media
Kartografie: Huber Kartographie
Herstellung: Anna Katavic
Printed in Poland by CGS Printing

Sind Sie mit diesem Titel zufrieden? Dann würden wir uns über Ihre Weiterempfehlung freuen. Erzählen Sie es im Freundeskreis, berichten Sie Ihrem Buchhändler, oder bewerten Sie bei Onlinekauf. Und wenn Sie Kritik, Korrekturen oder Aktualisierungen haben, freuen wir uns über Ihre Nachricht an Bruckmann Verlag, Postfach 40 02 09, D-80702 München oder per E-Mail an lektorat@verlagshaus.de.

Unser komplettes Programm finden Sie unter www.bruckmann.de

Alle Angaben dieses Werkes wurden vom Autor sorgfältig recherchiert und auf den neuesten Stand gebracht sowie vom Verlag geprüft. Für die Richtigkeit der Angaben kann jedoch keine Haftung übernommen werden, weshalb die Nutzung auf eigene Gefahr erfolgt. Insbesondere bei GPS-Daten können Abweichungen nicht ausgeschlossen werden. Sollte dieses Werk Links auf Webseiten Dritter enthalten, so machen wir uns die Inhalte nicht zu eigen und übernehmen für die Inhalte keine Haftung.

Bildnachweis: Alle Bilder des Umschlags und des Innenteils stammen vom Autor.
Umschlagvorderseite: Wanderparkplatz an der Russischen Kapelle im Triglav-Nationalpark
Umschlagrückseite: Majestätisch überspannt die Brücke die Soča

Die Deutsche Nationalbibliothek verzeichnet diese Publikation in der Deutschen Nationalbibliografie; detaillierte biblio-grafische Daten sind im Internet über http://dnb.d-nb.de abrufbar.

4. Auflage

ISBN 978-3-7343-1230-4